ENGLISH BOOK JOURNAL 02

英語で世界に触れる
「声の雑誌」リターンズ

JN109555

CONTENTS

🔊　このマーク表示があるコーナーは音声が収録されており、数字はトラック番号を示します。
音声の聴き方は p. 7をご確認ください。

写真：The New York Times/Redux/ アフロ（アラン・ケイ）、ロイター / アフロ（スティーブ・ジョブズ）、AP/ アフロ（カート・ヴォネガット）、picture alliance/ アフロ（ケヴィン・ケリー）、ロイター / アフロ（レイ・カーツワイル）、Eyevine/ アフロ（ジミー・ウェールズ）、本人提供（アンジェラ・ダックワース）

HOW TO USE 本書の使い方

『ENGLISH JOURNAL BOOK 2』（以下『EJB 2』）なら、歴史や文化、
経済やテクノロジーなど、興味深いテーマのインタビューやニュースで
以下のような学びが得られます。

❶ 本物のリスニング力が身に付く！

政治・経済・テクノロジー・エンタメなど、「あらゆるジャンル」の「世界の英語」を聴くことで、
多様性の時代に対応するリスニング力を養えます。

❷ スピーキング力を強化できる！

「シャドーイング」という、リスニング力強化と同時に発信力を鍛えるエクササイズも用意。実
践的なスピーキング力を伸ばすことが可能です。

❸ 多様な英語素材とトレーニング法、学習記事で学びがつづく！

さまざまなジャンルのインタビューと世界のニュースに、最適な学習法を組み合わせました。
読み物も活用して、知的好奇心を満たしながら学びつづけられます。

HOW TO USE 1 | 英語インタビューを EJB流BEFORE/AFTERで攻略する

本書には、EJB用に録り下ろしたSPECIAL
INTERVIEWやSPECIAL SPEECH、『EJ』アー
カイブからの再録であるINTERVIEW
PLAYBACKを収録しています。
英語のインタビューは背景知識があれば理解が高
まります。また、重要なポイントを聞き漏らさな
いコツを身に付ければ、聞き取りもラクになって
いきます。聞く前（BEFORE）と後（AFTER）
に組み込んだトレーニング方法で、インタビュ
ー・リスニングの方法をモノにしましょう。

KEY WORDS 「理解のためのキーワード」を押さえ
ておくと、インタビューの理解度が格段に増します。

1 BEFORE LISTENING

INFORMATION
インタビュイーの話
し方の特徴などの
「音声の特徴」をつ
かみます。

CONTEXT 「イン
タビューの背景」で、
時代背景など、取材
に至った理由を知る
ことで、内容に共感
しやすくなります。

2 NOW LISTEN!

1の情報を踏まえて、英語のインタビューを聞きます。適宜**1**に戻るなどして、理解できるまで、何度もインタビューを繰り返し聞きます。

3 AFTER LISTENING

TRUE/FALSE REVIEW　インタビューの内容と合っていればT（True）、違っていればF（False）を選ぶ「内容理解クイズ」で理解度を確認します。

DICTATION　「ディクテーション」とは、英文音声を聞いて書き取ること。以下の手順で取り組みます。
① DICTATION GUIDEを参考にして、音声を止めたり戻したりしながら書き取る（アプリ「ALCO」推奨→p. 7）。聞き取れない部分は、文脈から推測したり文法知識を活用したり、綴りが分からない場合はカタカナで書いておいたりする。
② 繰り返し聞いて、納得がいくまで書き取り終えたら、英文と照らし合わせる。間違えた部分は訳を確認して意味を理解する。
③ 英文を見ながら再度音声を聞く。

SHADOWING　「シャドーイング」とは、聞こえた英文に少し遅れて声に出すこと。以下の手順で取り組みます。
① SHADOWING GUIDE を参考にして、音声から少し遅れて声に出す。初めは英文を見ながらでもかまわない。
② 今度は英文の意味を考えながら音声を聞いて声に出す。
③ 英文を見ないで言えるようになるまで練習する。

英語ニュースを
EJB流３ステップ＋αで聞く

本書にはインタビュー以外に、アメリカ合衆国政府が運営する国営放送Voice of America（VOA）の英語ニュースを扱うコーナー「SPOTLIGHT NEWS」があります。『EJB 2』では、英語に関わる全ての人に役立つ情報をお届けするウェブメディア「ENGLISH JOURNAL ONLINE」の連載企画「英語ニュースを聞く」から６本のニュースをお届けします。

政治や経済、文化やスポーツなどのニュースは、固有名詞についての知識の有無によって理解に大きな差が出ます。また、本書で取り上げるニュースの長さは１分程度なので、後述するリピーティングのトレーニングにもってこいです。EJB流３ステップ＋αでスピーキング力も鍛えていきましょう。

STEP 1 キーワードを
チェックしながら聞く

ニュースを聞いて、一覧にある固有名詞が聞き取れたらチェックします。これらの語句が内容理解の流れを止めないよう、最初にしっかりインプットしておきます。

STEP 2 意味を確認する

音声を聞いてから訳を見て、誤って理解している部分がないか確認します。理解があいまいな部分は、文字ではなく英語の音声に戻って、音から理解するようにしましょう。

STEP 3 意味のまとまりごとに
リピーティングする

ポーズ入り音声を聞いて、聞いたままに声に出す「リピーティング」の練習をします。以下の手順で取り組みます。
❶初めは英文を見ながら、音声を聞き、ポーズのところで声に出して繰り返す。
❷慣れてきたら英文を見ないで行う。

EXTRA STEP オーバーラッピングと
シャドーイングでさらなる高みへ

余力があれば、以下の手順を参考に、さらに英語力をパワーアップする「オーバーラッピング」と「シャドーイング」（p.5参照）にも挑戦してみましょう。

OVERWRAPPING 「オーバーラッピング」とは、音声にぴったり合わせて音読すること。内容を理解した英文を見ながら、音声にぴったり合わせて声に出します。発音やイントネーションもまね、自分が話者になったつもりで声に出しましょう。

それでは、EJBの音声をダウンロードしましょう（無料）

本書のインタビューやニュースなどの学習音声は、スマートフォンやパソコンに無料でダウンロードできます。

スマホの場合 音声再生アプリ
「ALCO for ダウンロードセンター」【無料】

このアイコンを探せ！

アルクが無料提供する語学学習用アプリで、Android、iOS に対応しています。再生スピードの変更や、数秒の巻き戻し・早送りなど、便利な機能を活用して、英語力のアップに役立ててください。

STEP 1

ALCOをインストール
（※ALCOをインストール済みの方はSTEP2へ）

https://www.alc.co.jp/entry/alco

STEP 2

ALCOを立ち上げます。ホーム画面下の「ダウンロード」をタップし、書籍名または商品コード［7023026］でコンテンツを検索します。

STEP 3

検索後、ダウンロード用ボタンをクリックし、パスワード［EJB21218］を入力します。

ALCOならこんなことが！

❶音声の再生速度変更（0.5〜2.5倍速の8段階）

❷指定秒数での早送り・巻き戻し（2〜30秒の5段階）

❸リピート再生（AB間、トラック、ランダム等）

リスニングに便利な機能がまだまだあります！

PCの場合

以下のURLから本書の商品コード［7023026］で検索してください。

アルクのダウンロードセンター
https://portal-dlc.alc.co.jp/

※サービスの内容は、予告なく変更する場合がございます。
　あらかじめご了承ください。

SPECIAL

FEATU

PC、IT、そしてChatGPT…

パイオニアたちの
英語で見聞する
テクノロジーの
現在・過去・未来

写真：CTK Photobank/ アフロ（マーティン・フォード）、ロイター / アフロ（ビル・ゲイツ）、picture alliance/ アフロ（ケヴィン・ケリー）、AFP/ アフロ（ジェフ・ベゾス）、ロイター / アフロ（スティーブ・ジョブズ）、The New York Times/Redux/ アフロ（アラン・ケイ）、ロイター / アフロ（レイ・カーツワイル）、picture alliance/ アフロ（ハワード・ラインゴールド）、ロイター / アフロ（エリック・シュミット）

RE

テクノロジーの進化は私たちの生活に大きな変化をもたらしてきました。雑誌『ENGLISH JOURNAL』（以下EJ）は、PCの黎明期からITの隆盛期まで、その進化を伝えてきました。そして今、ChatGPTをはじめとする生成AIが驚異的な成長を見せています。

Part 1ではEJが伝えてきた「先駆者」「予測者」の言葉を通して、コンピューティング体験を振り返ります。続く、Part 2では、AIの安全性の専門家が、本書録り下ろしインタビューで、急速な進化を見せているAIが人間にもたらす脅威の可能性を語ります。Part 3では、生成AIの代名詞ともなったChatGPTを使って英語をみがき、未来をひらく方法をお届けします。

それでは、EJを通して見る、テクノロジーの歴史、現在、そして未来をどうぞ。

EJインタビューでたどる テクノロジーの変遷

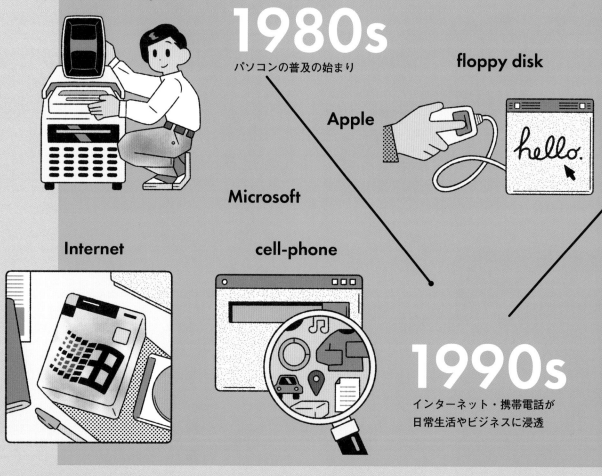

personal computer

1980s
パソコンの普及の始まり

floppy disk

Apple

Microsoft

Internet

cell-phone

1990s
インターネット・携帯電話が
日常生活やビジネスに浸透

Windows95　　　Google　　　Yahoo!

EJの音声がカセットテープからCD、そして音声ダウンロードに姿を変えたように、この数十年で私たちを取り巻くテクノロジーは飛躍的に進歩しました。それにともない私たちの生活も、デジタル社会とは切っても切り離せないものになっています。

加速するデジタル社会。その先にはどんな未来が待っているのでしょう。

先駆者や予測者たちの言葉に耳を傾けながら、テクノロジーと私たちの未来を考えます。

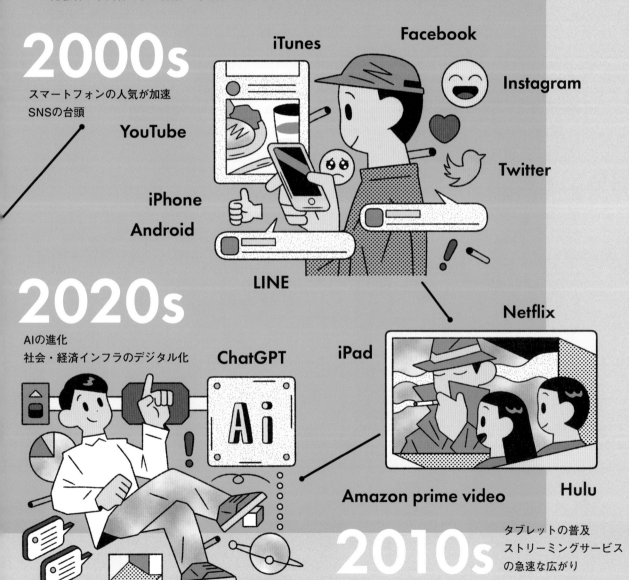

2000s

スマートフォンの人気が加速
SNSの台頭

YouTube

iTunes

Facebook

Instagram

Twitter

iPhone

Android

LINE

2020s

AIの進化
社会・経済インフラのデジタル化

ChatGPT

iPad

Netflix

Amazon prime video

Hulu

AI

2010s

タブレットの普及
ストリーミングサービス
の急速な広がり

先駆者たちの言葉

デジタル社会の礎を築いたパイオニアたちの言葉を過去のEJインタビューから厳選しました。アイデアの源はどこから来て、彼らはどんな未来を見据えていたのか。インタビューからひも解きます。
※掲載時の表記とは異なる場合があります。

Altoと写るアラン・ケイ（左）と共同開発者のチャック・サッカー（右）。

創造力を阻む
思い込みからの脱却

Alan Kay
アラン・ケイ
（初のパソコン『Alto』代表開発者）

Part of the difficulty in thinking up new ideas is getting out of this invisible context we're embedded in. McLuhan said,"I don't know who discovered water but it wasn't a fish." It's a very good line, and that's the problem that you have when you're designing, is that you're embedded in assumptions that you're not even aware of.

新しいアイデアを考え出す上で難しい点に、私たちが組み込まれているこの見えない社会的環境から抜け出すことが挙げられます。マクルーハン※はこう言いました。「誰が水を発見したのか私には分からないが、それは魚ではない」。これはとても気の利いた言い方です。これが構想を打ち立てる際に問題になります。つまり自分でも意識していない思い込みに組み込まれているということです。（1990年8月号）

※マーシャル・マクルーハン（1911-1980）。カナダで生まれアメリカで活躍した英文学者、文明批評家。「メディアはメッセージである」という、メディアそれ自体がある種のメッセージをすでに含んでいるとするスローガンなどで知られる。

Profile　1940年、マサチューセッツ州スプリングフィールド生まれ。「パーソナルコンピューター」という概念を提唱し、'73年に、後にパソコンの標準仕様となるGUI（グラフィカル・ユーザー・インターフェイス）を備えた『Alto』を開発。スティーブ・ジョブズら後進に多大な影響を与えた「パソコンの父」。

10代での経験が
アイデアを信じる力に

Steve Jobs
スティーブ・ジョブズ
（アップル創業者）

One of the things that Woz and I did was we built blue boxes. It was the magic of the fact that two teenagers could build this box for $100 worth of parts and control hundreds of billions of dollars of infrastructure in the entire telephone network in the whole world, from Los Altos and Cupertino, California. That was magical! And experiences like that taught us the power of ideas.

（1994年のインタビューで）
ウォズと私がやったことの一つに、ブルーボックス※の組み立てがあります。魔法のような本当の話なのですが、2人のティーンエイジャーが100ドル分の部品でこのボックスを組み立てて、カリフォルニア州のロスアルトスとクパティーノから全世界に広がる電話網全体という何千億ドルもするインフラを支配できてしまった。まるで魔法でしたよ！　そういった経験が、私たちにアイデアというものの力を教えたのです。（2014年4月号）

Profile 1955年、カリフォルニア州サンフランシスコ生まれ。'76年に友人のスティーブ・ウォズニアックとアップルコンピュータを設立。翌年に発売した Apple Ⅱ が爆発的ヒットに。2000年に CEO に就任してからは iPod、iPhone、iPad などのヒット商品を次々生み出した。'11年に膵臓がんにより死去。

※電話回線をハッキングして無料で長距離電話をかけられる装置。ジョブズとウォズニアックは高校時代、雑誌を基にこれを作った。

Windowsが普及の
サイクルを生み出す

Bill Gates
ビル・ゲイツ
（マイクロソフト創業者）

And so this cycle, where the more we sell Windows, the more we have applications, and the more we have applications, the more we sell Windows, this has started and it's moving very, very strongly, and I think it's safe to say that over time virtually all users will move into this environment.

Windowsをたくさん売れば、アプリケーションがそれだけ増え、アプリケーションが増えれば、それだけ多くのWindowsが売れるという、この循環が始まったのです。この動きはとても力強く、私の考えでは、やがてはほとんどすべてのユーザーがこの循環へ移るといって差し支えないでしょう。（1993年10月号）

Windows 95発売

Profile 1955年、ワシントン州シアトル生まれ。ハーバード大学在学中に友人のポール・アレンとマイクロソフト社を設立。'80年にIBM機用のOS、MS-DOSを開発。'85年にはGUIを実装したOS「Windows」の販売を始め、その後のOS市場の圧倒的シェアを獲得した。

写真: ロイター / アフロ（ビル・ゲイツ）、picture alliance/ アフロ（Windows 95）、REX/ アフロ（ジェフ・ベゾス）、ロイター / アフロ（エリック・シュミット）

成長のカギを握った顧客第一主義

Jeff Bezos

ジェフ・ベゾス
（アマゾン創業者）

I don't think that you can invent on behalf of customers unless you're willing to think long term because a lot of invention doesn't work. If you're gonna invent, it means you're gonna experiment, and if you're going to experiment, it means you're gonna fail. And if you're gonna fail, you have to think long term.

長期的に考えるつもりがないと、顧客のためになる創意工夫ができるとは思えません。なぜなら、新しい工夫の多くはうまくいかないものだからです。創意工夫をするということは、実験をするということになりますし、実験をするということは、失敗もあるということになります。そして、失敗もあるのであれば、長期的に考える必要があるのです。（2014年4月号）

Profile　1964年、ニューメキシコ州生まれ。'94年にインターネット書店Amazon.com を設立。長期的視野に基づく顧客第一主義で、アマゾンを世界的な企業へと成長させた。2000年に有人飛行の宇宙開発企業、ブルー・オリジンを設立。'13年にはワシントン・ポスト紙を買収し、世界の注目を集めた。

重要なのは
「最高のアイデア」に導くこと

Eric Schmidt

エリック・シュミット
（Google元CEO）

When you manage teams, you wanna make sure that you don't manage a community to a standard. You wanna manage to the best idea, not the average idea.

チームを運営するときは、標準的な考え方に落ち着いてしまうような導き方を避けるように意識した方がいいです。平均的なアイデアではなく、最高のアイデアに至るように導かなくてはいけません。（2015年4月号）

Profile　1955年、ワシントンD.C.生まれ。サン・マイクロシステムズ社、ノベル社で経営幹部を歴任後、2001年から'11年まで Google で CEO を務める。IT業界を代表する経営者の一人として、Google をスタートアップ企業から世界的企業へと大きく成長させた。

予測者たちの言葉

未来予測の有識者たちは、変遷を続けるテクノロジーの未来をどう見たのか。EJインタビューで語られた言葉を紹介します。

Profile 1947年、アリゾナ州フェニックス生まれ。初期のパソコン開発について研究し、'85年には開発者たちの歴史を書いた『思考のための道具』(パーソナルメディア)を刊行。'93年にはインターネットの普及がもたらす未来を書いた『バーチャルコミュニティ』(三田出版会)を刊行し、オンラインコミュニティとその文化的重要性を提唱している。

テクノロジーは善にも悪にもなりうる

Howard Rheingold
ハワード・ラインゴールド(科学ジャーナリスト、作家、評論家)

For a long time, there was the idea that progress is our most important product, technology promises a better life, it makes people wealthier, and to a certain extent that's been true. That's why people buy into it. However, many of the promises of technology have not turned out to be true. Are our lives really easier than they used to be? Is the planet really in better shape than it used to be? I think many people are beginning to see for themselves that technology is a mixed blessing.

進歩は私たちにとって最も重要な産物であり、テクノロジーによってよりよい人生が約束され、これで人々はもっと裕福になるという考えが、今まで長らくありました。ある程度までそれは正しく、だからこそ人々はこれにお金をつぎ込みます。しかし、テクノロジーで約束されながら、結局は実現されないということはたくさんあります。私たちの生活は以前より実際に楽になったでしょうか。地球の状態は以前より実際によくなったでしょうか。テクノロジーは善しあしだということに多くの人が自ら気付き始めていると私は思います。(1993年9月号)

写真：picture alliance/ アフロ (ハワード・ラインゴールド)、ロイター / アフロ (レイ・カーツワイル)

AIが人間に
取って代わるわけではない

Ray Kurzweil
レイ・カーツワイル
（発明家、思想家、未来学者）

2029, computers will match the range of human intelligence. And then we're going to merge with it in the 2030s. It's not gonna be some competing force to compare with us and displace us. We're going to make ourselves smarter. That's why we create technology.

2029年、コンピューターが人知の領域に追い付きます。それから2030年代には、人類はコンピューターと融合します。人類と競い合い、取って代わるような競合勢力になるわけではありません。人類がより賢くなるのです。そのための技術革新です。（2017年4月号）

>> INTERVIEW PLAYBACK 2
再録EJインタビュー（p. 77） 🔊 026

Profile 1948年、ニューヨーク州生まれ。'70年にマサチューセッツ工科大学でコンピューターサイエンスの学位を取得。人工知能（AI）研究の権威。『ポスト・ヒューマン誕生』（NHK出版）など、「シンギュラリティ」（AIなどの技術が人間よりも賢い知能を生み出す時点）に関する著述で知られている。

「ロボット時代」に必要な
創造性と他者との交流

Martin Ford
マーティン・フォード
（未来学者、IT起業家）

I think the best thing that individuals could do is avoid doing something that's routine and repetitive and predictable. The best thing for people to do is to emphasize creativity and also interaction with other people.

（ロボットが人の仕事を奪うことになるなら、個人ができることは何かと聞かれて）
個人ができる最善のことは、決まり切った仕事、反復的な仕事、ありきたりな仕事は避けるということです。皆さんがすべき最善のことは、創造性と他者との交流を重視することです。（2018年6月号）

Profile ミシガン大学で学士号取得。カリフォルニア大学ロサンゼルス校経営大学院でMBAを取得する。2009年に自費出版した *The Lights in the Tunnel: Automation, Accelerating Technology and the Economy of the Future*（邦訳：『テクノロジーが雇用の75%を奪う』）が大きな反響を呼ぶ。'15年に『ロボットの脅威：人の仕事がなくなる日』（日経BPマーケティング）を刊行し、世間の注目を集める。

Profile　1952年、ペンシルベニア州生ま
れ。'93年にテックカルチャー・
メディア『WIRED』を共同設立、
'99年まで編集長を務める。主な
著書に『テクニウム』（みすず書
房）、『〈インターネット〉の次に
来るもの』（NHK出版）、『5000
日後の世界 すべてがAIと接続さ
れた「ミラーワールド」が訪れる』
（PHP新書）などがある。

AIの登場は人に利益をもたらす

Kevin Kelly
ケヴィン・ケリー
（テックカルチャー・メディア『WIRED』創刊編集長、未来学者）

Right now, in America, even though there's AI coming, we can't find enough workers. While some tasks are eliminated from humans, most of the tasks that are eliminated are tasks that humans don't really wanna do. And it's really good that they go to AIs, and that liberates the human to do something else. And that's usually what happens.

So, maybe in that one particular one that you need less people, but we have other jobs that we want done that are invented by new technologies, by automation and AI, so the net gain is positive.

今、アメリカではAIが登場してきているにもかかわらず労働者は不足しています。確かに人から排除されている仕事はありますが、排除されている仕事のほとんどは人があまりやりたくないものであるということです。だからそれがAIに引き継がれるのはとても良いことで、それによって人は解放され、他のことができるようになります。大抵はそうなっています。

ですから、ある特定の作業では必要な人の数が減るかもしれませんが、新しいテクノロジー、自動化やAIによって生み出された、私たちがやりたい他の仕事があるので、正味の利益としてはプラスになるのです。（2022年2月号）

>> INTERVIEW PLAYBACK 2
再録EJインタビュー（p. 61）　🔊 018

AIがもたらす影響と人類の未来

進化を続けるAIは、私たちの未来にどのような影響を及ぼすのでしょうか。高度なAIが人間にもたらす脅威の可能性を、AIの安全性の専門家であるダン・ヘンドリクス氏が語ります。

◀)) **001**

AIの安全性専門家

Dan Hendrycks
ダン・ヘンドリクス

2018年にシカゴ大学で理学士を取得後、2022年にカリフォルニア大学バークレー校でコンピューターサイエンスの博士号を取得。機械学習の安全性と機械のための倫理学を専門とする。同年設立された、AI開発が社会にもたらすリスクの低減を目的とした非営利団体 Center for AI Safety（CAIS）のディレクターに就任。CAISが2023年5月に発表した、人類絶滅に言及した「AIリスクに関する声明」には、ヘンドリクスやビル・ゲイツら研究者や著名人数百人が署名している。

Interview Data
取材日：2023年4月20日
（オンラインでのインタビュー）
インタビュアー：大野和基

Dan Hendrycks

　現在 Center for AI Safety（CAIS）のディレクターであるダン・ヘンドリクス氏が注目されるようになった契機は、彼が書いた論文 *Natural Selection Favors AIs Over Humans* である。

　このインタビューでも指摘されているように AI が人間の能力を超えると、人間が AI をコントロールする能力をなくしてしまう。戦争の形式も今とはかなり変わるだろう。AI が意思決定をするからだ。AI が人間の能力を超える前に、人間社会が守っている倫理的な原則に AI システムを整合させればいい、と口で言うのは簡単であるが、これはアラインメント問題と言われ、今 AI の開発が直面している最大の問題である。

　ヘンドリクス氏の書いた上記の論文の中に「進化はパワフルな力である。ある時点で開発を止めて、コントロールするべく別のメカニズムを作ろうとしても、AI は人間の最大の努力を回避する方法を進化させる可能性が高い」さらに「進化は人間よりも賢い」と書かれているが、その時点では人間が AI の自律性（autonomy）を undoする（取り消す）ことはできない。この "undo" と言う言葉はインタビューにも出てきており、AI の自律性を語るときのキーワードになる。

　倫理だけではなく、人間の価値観を持つ AI の開発の難しさを、氏はウェルビーイングの例を挙げて説明している。人間でもその定義についてコンセンサスが得られていないものをどうやって AI が学習するのか。たとえ AI が理解できたとしても、必ずしも倫理的に正しい方向に進むとは限らないのである。

　CAIS はそういう AI のリスクをできるだけ広範囲に理解してもらうべく、政策決定者やビジネスリーダーらに啓蒙（けいもう）活動を行っている。

　　　　　　　大野和基（国際ジャーナリスト）

Computers' Advancements in ❶Cognitive Tasks

🔊 **002**

EJ: Do you think that ❷AIs will eventually ❸surpass us in all ❹domains?

Dan Hendrycks: Currently I can't think of any ❺substantial cognitive task that they don't have ❻traction on. They can write poetry. They can do mathematics. They can play games. I don't know anything outside of the span that—or I can't think of a particular task that they would always ❼end up ❽struggling with. Also, we could imagine in the long run that computers could ❾emulate human brains. So that would then mean there's a computer that could, ❿in principle, ⓫model the connections between each ⓬neuron and ⓭simulate that. If we ever have such a computer program, then that would mean that there'd be a digital program that can be at the human level. So it seems hard to believe that they wouldn't ever be able to get to human levels ⓮in various respects.

EJ: I see.

Hendrycks: I think actually people developing

コンピューターの認知タスクにおける進化

EJ：AIはいずれ、すべての分野で人間を超えると思いますか？

ダン・ヘンドリクス：今のところ、AIの勢いが見られない主だった認知タスクは思い付きません。詩を書くこともできます。数学も解けます。ゲームもできます。どうでしょうね、範囲を超えたものは——というか、AIが最後に必ず行き詰まってしまうような特定のタスクは思い付きません。それに、長期的に考えると、コンピューターが人間の脳を模倣できるようになると想像されます。それはつまり、原理としては、ニューロン同士の接続をモデル化してシミュレーションできるようなコンピューターが生まれるということです。そのようなプログラムがもし存在すれば、人間と同じレベルに到達できるデジタルプログラムができるということになります。ですから、AIがさまざまな面で人間レベルに達することがないなどとは考えにくいのです。

EJ：なるほど。

ヘンドリクス：実際、AI開発者、例えばOpenAI関係

---

❶ **cognitive** 認知の

❷ **AI** 人工知能 ★ = artificial intelligent

❸ **surpass** 〜を超える、〜に勝る

❹ **domain** 領域

❺ **substantial** 実在する、実質的な

❻ **traction** 牽引力、勢い

❼ **end up doing** 最終的に〜することになる

❽ **struggle with ~** 〜に苦労する

❾ **emulate** 〜をまねる、〜と張り合う

❿ **in principle** 原理上は

⓫ **model** 〜の模型を作る、〜をまねて形づくる

⓬ **neuron** ニューロン、脳神経細胞

⓭ **simulate** 〜の動きを模倣する

⓮ **in various respects** さまざまな点で

⓯ **OpenAI** ★サンフランシスコに本社を置く、AI開発企業。

⓰ **decade** 10年間、（10年ごとの）年代 ★ここでのin the decadeは「2020年代」

AIs, such as people at ⑮OpenAI, many of their leaders think that in the next two to three years we would have human-level AI. So, not just a question of is it really far away or can it happen at all, but some are thinking, "Is it in the next few years?" or "Is it later in the ⑯decade?" haha, is the question that other people are asking.

Slow ⑰Deterioration of Human Influence by AI Systems 🔊 003

EJ: Many people are worried about the potential negative ⑱outcomes of developing AI. What are your thoughts on that?

Hendrycks: Yeah, so I think that an earlier level or an earlier stage of this process would be them ⑲automating and ⑳displacing humans. But there's basically a risk of that type of process continuing, where people are giving them more and more ㉑decision-making ability, where there's less ㉒oversight, and as they give them a looser ㉓leash it's potentially the case that that process'll be less controllable and the ㉔agents that we'd expect to see, ㉕be most influential in that process, wouldn't necessarily have all of the ㉖desirable ㉗traits.

者などのリーダーの多くは、この先2、3年のうちに人間レベルのAIができるだろうと考えているようです。ですから、ずっと先なのかとか一体そんなことは起きるのかという問題ではなく、「2、3年後だろうか」と考えている人もいれば、「2020年代でも後の方だろうか」と、ハハハ、そう問い掛けている人もいるのです。

AIがもたらす人間の影響力の ゆっくりとした劣化

EJ： AI開発が良からぬ結果をもたらす可能性を、多くの人々が心配しています。あなたのお考えはどうですか？

ヘンドリクス： そうですね、このプロセスの早いレベル、初期段階は、自動化と人間の代わりをすることだと思います。ですが、基本的に、そうしたプロセスが進むことによるリスクがあり、人々がAIに意思決定をどんどん任せたり、監視を緩めて野放しにしてしまったりすると、プロセスのコントロールが効かなくなって、そのプロセスに最も影響を及ぼすと予想されるAIエージェントの備える性質が、必ずしも望ましいものばかりではなくなる可能性があります。

のこと。

⑰ **deterioration** （質の）劣化、悪化

⑱ **outcome** 結果、所産

⑲ **automate** 自動化する

⑳ **displace** 〜に取って代わる

㉑ **decision-making** 意思決定の

㉒ **oversight** 監視、監督

㉓ **leash** （動物をつなぐ）綱、束縛、規制

㉔ **agent** 代行者、動作主体 ★ここでは、人間に代わって特定の職務を遂行する「AIエージェント」を指す。

㉕ **be** ★and would beと言いたかったと思われる。

㉖ **desirable** 望ましい

㉗ **trait** 性質、特性

So I think in the longer run you could think of something like these AIs as like an ①invasive species of some sort, if we're trying to think of like an ②analogue, where it's displacing you in your job, but also in private life, too. Uh, there are these ③chatbots that your kid is spending more of their time with than their friends, it's, really just starts to ④permeate all ⑤aspects of life and make less and less depend on humans. And I think that basically ⑥continually ⑦erodes their influence. So I don't think it's necessarily a sudden event, but instead just a continual erosion of humans' power over their environment and them giving it to these AI systems.

ですから、より長い目で見ると、こうしたAIを侵略的外来種のように考えることもできます。仕事やさらには私生活でも人間の居場所を奪う類似種、と考えてみるならば。子どもが友達と過ごすより長い時間を費やすようなチャットボットもありますし、AIはまさに生活のあらゆる面に浸透し始めていて、人間への依存がどんどん少なくなっています。それにより人間の影響力が徐々に衰退しているのです。ですから、それ（AIのもたらす危機）は突然の出来事とは限らないと思います、むしろ、状況に及ぼす人間の力が徐々に衰退し、それがAIに明け渡されていくのでしょう。

Possible Scenarios of ⑧Conflict and AI Warfare 🔊 004

EJ: Do you think, in the future, there could ever be a war between AI agents and human beings?

Hendrycks: I think it's possible. There are many struggles that are more silent. So, for instance, ⑨automation wouldn't necessarily look like a war. In terms of a conflict, if they end up being ⑩autonomous and if people are wanting to ⑪undo some of their autonomy, then a conflict

紛争と AI 戦争の可能性

EJ：将来、AIエージェントと人類の間に戦争が起こるようなことはあるとお考えですか？

ヘンドリクス：可能性はあると思います。ひっそりとした攻防はたくさん起こっています。例えば、自動化は必ずしも戦争の姿をしていません。対立という意味では、もしAIが自律を達成し、人間がその自律の一部を撤回したくなった場合、対立が起こり得ます。そうした可能性は除外できません。

---

❶ **invasive species**　侵略的外来種

❷ **analogue/analog**　類似物

❸ **chatbot**　チャットボット　★AIを使った自動会話プログラム。chatは「おしゃべり、会話」の意。botはrobotからの派生語で、一定の処理を自動的に繰り返し行うプログラム。

❹ **permeate**　～に浸透する、～に充満する

❺ **aspect**　（物事の）側面、見地

❻ **continually**　継続的に、絶え間なく

❼ **erode**　～を侵食する、～を衰退させる　★2行下のerosionは名詞で「浸食、衰退」。

❽ **conflict**　対立、衝突

❾ **automation**　自動化

❿ **autonomous**　自立した、自律的な　★1行下のautonomyは名詞で「自律性」。

⓫ **undo**　～を取り消す、～を奪う

⓬ **rule ~ out**　～を除外する

⓭ **do one's bidding**　～の指示を遂行する

⓮ **acquire**　～を取得する、～を獲得する

seems possible. So I wouldn't [12] rule such a thing like that out.

I think another concern might be just that there's a war between nations where they're having to use AIs to [13] do their bidding — that the other country's giving AI systems a lot of power and telling them to [14] acquire more power to [15] keep up in this sort of AI technology [16] arms race. And so then we have AIs basically doing fighting for us, and that ends up creating some very powerful AI systems. Maybe we wouldn't be completely certain whether we could control it in that process, either. We'd need to move faster, we'd need to give it access to a lot of weapons and technology and resources. We would hope that it would be extremely [17] reliable and always be doing our bidding, but if it's the case that actually there's only a 90 percent chance that it would be doing our bidding, that still might [18] make sense [19] in the heat of war. So I think that's a more [20] plausible short-term type of outcome.

That's not something that I'd [21] see immediately on the horizon. I think there are many steps, many things would have to happen before that, but it seems possible.

また別の懸念としては、国家間の戦争があって、それらの国が指令遂行にAIを使う必要がある場合です——相手国がAIシステムに強大な力を与えていると、AIテクノロジーの軍拡競争に後れを取らないよう（自国の）AIにももっと力を持たせる。そうやってAIに、要は人間の代わりに戦争をしてもらうと、その結果、非常に強大なAIシステムが生まれることになります。もしかすると、そこに至る途中でAIに対するコントロールができるかどうかも100パーセント確実ではないかもしれません。（戦争中であれば）速やかに行動する必要があるでしょうし、AIに多くの武器やテクノロジーやリソースへのアクセスを与える必要が出てきます。AIには、極めて信頼性高くあってもらいたいですし、人間の指令を必ず遂行することを願いたいものですが、仮に人間の指令を実行するのが実際には90パーセントの確率に過ぎないとしても、戦時下ではそれでよしとされてしまうかもしれません。ですから、近い将来、生じ得る可能性がより高いのはそうした結果だと思います。

それが迫ってくるのが今すぐ見えてくるというわけではありません。それまでに多くの段階があり、多くのことが起こるはずですが、可能性としてはありそうだ、ということです。

---

[15] **keep up**　遅れずについていく

[16] **arms race**　軍拡競争

[17] **reliable**　信頼できる、頼りになる

[18] **make sense**　筋が通る、理にかなう

[19] **in the heat of ~**　~が白熱する中で、~の真っただ中に

[20] **plausible**　もっともらしい、真実味のある

[21] **see ~ on the horizon**　~を水平線上に見る、~が遠くからやって来るのを目にする

Challenges in Aligning AI with Human ①Ethics

EJ: Why is it so difficult to develop AI so that it understands and ②incorporates human ethics and ③values?

Hendrycks: Well, so there's a lot that ④goes into human values. We know that many people even disagree ⑤quite a bit, too. So, for instance, the idea of ⑥well-being. What does it mean for a person's life to go well? Even that, there isn't ⑦consensus among ⑧moral philosophers as to what—it's the ⑨pursuit of knowledge, and having pleasure, and having achievement. What's the balance between those things? Is it actually just happy experiences that matter? So there's a lot of ⑩complications in practical ethics and ⑪applying ethics.

But even if AIs could perfectly understand that, ⑫that's not to say that they will actually ⑬be driven to pursue ⑭ethical goals. ⑮Psychopaths can understand that, "The people around me will say that something is wrong," but they won't necessarily feel motivated to do the right thing. So, it's not enough to understand ethics, it's also to be ⑯intrinsically motivated to

AIと人間の倫理を調和させるための課題

EJ：人間の倫理観や価値観を理解し学び取るようなAIを開発するのが難しいのはなぜですか？

ヘンドリクス：それは、人間の価値観を形成しているものがあまりにも多いからです。人々の間ですら意見の相違がかなりあることは周知の事実です。つまり、well-being（満足のゆく暮らし）という考え方がその一例です。人の生活が満足できるというのは、何を意味するのでしょうか。道徳哲学者の間ですら意見の一致が見られません、何なのかということに関して——知識の追求であったり、楽しむことだったり、達成感を得ることであったり。そうしたことの間でどんなバランスを取るのか。それよりも、楽しい経験こそが大事なのか。というわけで、実践倫理や応用倫理には複雑な要素が多いのです。

ですが、たとえAIがそれを完璧に理解できたとしても、それが実際に倫理的な正しさを追求する原動力となるはずだ、とは言えません。サイコパスは「あることが悪いことだと周囲の人は言うだろう」と理解はできますが、だからといって必ずしも正しいことをしようという動機につながるわけではありません。つまり、倫理観を理解しているだけでは不十分で、正しいことをしようという動機が内在していなければなりません。そし

---

❶**ethics** 倫理観、道徳律 ★この意味では複数形。

❷**incorporate** 〜を取り入れる、〜を組み込む

❸**values** 価値観 ★この意味では複数形。

❹**go into 〜** 〜に含まれる

❺**quite a bit** かなり多く

❻**well-being** (心身が) 良い状態であること

❼**consensus** コンセンサス、意見の一致

❽**moral philosopher** 道徳哲学者

❾**pursuit** 追求、探求 ★下から6行目のpursueは「〜を追求する」という動詞。

❿**complication** （複雑化させる）要因

⓫**applying** 応用の

⓬**that's not to say that ...** …というわけではない

⓭**be driven to do** 〜しようと突き動かされる、〜することを目的に突き進む

⓮**ethical** 倫理的な、道徳的な

⓯**psychopath** サイコパス、精神病質者

do the right thing. And making AIs intrinsically motivated to do the right thing, that's not something we know how to solve, because that requires understanding their [17]internals, and their actual internal motivation systems. But we don't understand their internals. They're black boxes. They're not [18]transparent. We don't understand their inner [19]workings.

So, those are two aspects of the problem.

The Evolution of AI Systems and Future Concerns
🔊 006

EJ: Do you think there is a likelihood that future versions of [20]ChatGPT could become [21]AGI, artificial general intelligence?

Hendrycks: So I think a thing that's based on GPT4 or ChatGPT is [22]Auto-GPT. There's this line of new language model agents where you don't just ask it the answer to a question, but you instead give it a task and then it starts [23]executing things and calling things on your computer, and [24]posting tweets on Twitter, and doing all those sorts of things. So I think that's what the sort of future of AI systems ended up looking like, less something that can't act in the environment, but

て、AIに正しいことをしようという動機を内在させるとなると、それはわれわれにはどうしていいか分かりません、というのもそれには彼らの内面構造、内面の動機付けの実際の仕組みを理解する必要があるからです。ところが、われわれは彼らの内面構造を理解していません。ブラックボックスなのです。透明性がないのです。内部の仕組みがわれわれには理解できません。

つまり、問題にはそうした2つの側面があるのです。

AIシステムの進化と将来の懸念事項

EJ：ChatGPTの将来の姿がAGI（汎用人工知能）になる可能性はあると思われますか？

ヘンドリクス：GPT4やChatGPTを基盤としたものとしてAuto-GPTがありますね。質問にただ答えてもらうのではなく、タスクを命じると、あなたのコンピューター上で物事を実行したり、何かを呼び出したり、ツイッターの投稿をしたり、といったさまざまなことをしてくれる、新しい言語モデルのAIがいくつか出ています。それが将来のAIシステムが到達する姿だろうと思います、環境に合わせて作動できないようなものでなく、能動的に物事を実行したり、あなたに代わってメールを送っ

★感情面に欠落があり、共感や罪悪感を持たない人格障害者。

⑯ **intrinsically** 本質的に、内在的に

⑰ **internal** 内面、内面的質質 ★形容詞では「内面の」。

⑱ **transparent** 透明な、透明性のある

⑲ **workings** 仕組み、機能 ★この意味

では複数形。

⑳ **ChatGPT** ★Open AI社のGPT4という言語モデルを使った会話サービス。GPTはGenerative Pre-trained Transformerの略で「あらかじめ学習しておいたデータを会話の形に生成するシステム」といった意味。

㉑ **AGI** 汎用人工知能 ★ = artificial general intelligence。人間と同様に考えたり感じたりする能力を持った人工知能。

㉒ **Auto-GPT** ★GPT4をベースに、指示されたタスクを自動的に行う機能を備えたAI。

㉓ **execute** ～を実行する

㉔ **post** ～を投稿する

is instead actively executing things, and sending the emails for you, and all of these sorts of tasks. So, I think that's, would increase their ❶generality.

Now the—uh, the main ❷bottlenecks for them being dangerous would be whether they can do long-term planning or whether they can do things like ❸hacking. I think those are very ❹relevant things. And it's possible that that would come in a year. I mean, it already knows how to program, it already knows some ❺advanced ❻physics. Hacking might just be something it would ❼get around to ❽getting the handle of, uh, in a year's time.

So, I think the idea of AGI maybe isn't quite the right concept. That's because what I'm most concerned about is what are the ❾capabilities that make it potentially ❿catastrophic? So it might be the case that in the year 2025 we have a ⓫superhuman ⓬mathematician research bot, but we don't have ⓭autonomous vehicles. That's perfectly ⓮compatible. So it could be really smart and capable in some ⓯dimensions and weak in others, but it still overall might be ⓰concerning technology. So I don't think it needs to be human level at ⓱every single respect to be concerning.

たり、そうしたさまざまなタスクをこなすようになるのです。そして、そうするうちに汎用性が上がっていくだろうと思います。

さて、それらが危険なものになる大きな問題点は、AIに長期計画ができるか、あるいはハッキングのようなことができるかにかかってきそうです。これらは非常に重大な問題だと思います。それが1年のうちに生じる可能性もあります。というのも、AIは既にプログラムの仕方を知っていますし、既にある程度の高度な物理学も知っています。ハッキングの方法にも、1年のうちに到達するかもしれません。

ですから、AGIという考え方は恐らく（問題とするのに）ふさわしい概念ではないと思います。というのも、私が最も懸念していることは、壊滅的なことを引き起こしかねない能力とはどういうものかということだからです。例えば、2025年には超人的な数学能力を持つリサーチbotが存在しているのに自律走行車は実現していない、という状況が起こり得ます。そうした二面的状況はまさしくあり得るのです。つまり、ある面では非常に賢くて能力が高いけれど別の面では弱い、ということがあり得るのですが、それでも全体として見ると気懸かりなテクノロジーではあります。ですから、必ずしもすべての面で人間レベルに達しなくとも、懸念はあるのだと思います。

---

❶ **generality** 一般性、普遍性

❷ **bottleneck** 流れを妨げる部分、障害

❸ **hacking** ハッキング、コンピューターへの侵入行為

❹ **relevant** 直接関係のある、現実問題として重要な

❺ **advanced** 高度な

❻ **physics** 物理学

❼ **get around to doing** ～する段階に到達する、とうとう～するようになる

❽ **get the handle of ～** ★get a handle on ～（～を把握する、～を理解し始める）の言い間違い。

❾ **capability** 能力、機能

❿ **catastrophic** 壊滅的な、破局的な

⓫ **superhuman** 超人的な

⓬ **mathematician** 数学者

⓭ **autonomous vehicle** 自律走行車

⓮ **compatible** 両立できる

⓯ **dimension** 次元、（物事の）側面

Countering the Threat of Bad AI Agents

🔊 **007**

EJ: How can we [18]counteract the risks that AI development might [19]pose to human beings?

Hendrycks: Yeah, so I think generally if we're concerned about bad [20]actors — so there's another large language model agent recently released called [21]ChaosGPT, which was given the instruction to destroy [22]humanity, and some people [23]let that loose. Now fortunately it wasn't able to do long-term planning or anything like that, so it wasn't that dangerous. But you could imagine later on such a thing would be dangerous. What could we do to counteract such an AI agent?

And I think the solution to that — later on when these agents are more powerful — is that we need many different AI agents that can potentially counteract those bad agents. So that way we can sort of, if we can create an [24]ecosystem of agents that assist us and serve us, that can potentially counteract some of these bad traits or [25]maliciously designed agents or [26]rogue agents that may [27]emerge later on.

悪質な AI エージェントへの対抗策

EJ：AI開発が人類にもたらし得るリスクに、われわれはどう対処したらいいのでしょうか？

ヘンドリクス：そうですね、一般的に、悪い活動体が心配な場合は――つまり、最近出現したChaosGPTというまた別の大きな言語モデルエージェントがあるのですが、人類を滅ぼすよう指示を受けたもので、これを世に出した人がいるのです。幸いなことに、これは長期計画の策定などといったことはできなかったので、さほど危険ではありませんでした。ですが、今後、こうしたものが危険になってくることは想像できます。こうしたAIエージェントにどんな対策が取れるでしょうか。

　私の考える解決策は――今後、こうしたエージェントがより強力になったとき――そうした悪いエージェントに対抗する潜在力を持ったさまざまなAIエージェントが必要になるということです。そうすることで、ある意味、人間を補佐し人間の役に立つエージェントのエコシステムを形成することができれば、今後出現するかもしれないこうした悪い性質や悪意をもって設計されたエージェント、有害エージェントに、対抗する力を備えることができるでしょう。

（訳：挙市玲子）

---

[16] **concerning** 不安を呼ぶような、心配な

[17] **every single** ありとあらゆる、ひとつ残らずの

[18] **counteract** 〜に対抗する、〜の対策を立てる

[19] **pose** 〜を提示する、〜（危険など）をもたらす

[20] **actor** 動作主体、活動体

[21] **ChaosGPT** ★Auto-GPTに改造を加えて「人類を滅ぼす」などの目標を設定したAIプラットフォーム。chaosは「カオス、混沌」の意。

[22] **humanity** 人類、人間

[23] **let ~ loose** 〜を解き放つ

[24] **ecosystem** エコシステム　★別々の領域で活動するさまざまなものが、互いに連携し支え合いながら全体を維持する様子や仕組み。

[25] **maliciously** 悪意を持って

[26] **rogue** ならず者（の）、悪党（の）

[27] **emerge** 浮上する、出現する

ChatGPTで英語をみがき、未来をひらく

今ではインターネットなしの生活は考えられないように、生成AIも使うのが当たり前の時代となるにちがいありません。ChatGPTを使って英語をみがき未来を切り開いていきましょう。

生成 AI が当たり前の時代に。ChatGPT を使って英語をみがこう

想像してください。今、あなたはクリエイティブなワークスペースにいます。そこには、絵を描いてくれる ChatGPT がいるという状況です。目の前に真っ白なキャンバスといくつかの絵の具。美しい夕日を描く指示を、どのように ChatGPT に伝えればよいでしょうか。

例えば、こんな感じかもしれません。「まず、背景としてオレンジとピンクを混ぜた夕焼けの空を描いてください。次に、中央部に低く沈む太陽を配置してください。その上に、軽く紫を加えて、夜の空を感じさせてください。そして、水平線下部に暗い海を描き、遠くの黒い船のシルエットを加えてください」

自ら絵を描くのが得意なアーティストであれば、色の混ぜ方や形の描き方は、感覚と経験に基づいて身体で覚えているでしょう。しかし、このクリエイティブなプロセスを ChatGPT に伝えるのは、新たな挑戦かもしれません。絵画のテクニックや思いを細部まで伝えるという言語化が必要になるからです。

しかし、そのプロセスを言語化できれば、今まであまり絵が上手に描けなかった人でも、AI を使っ

て自分の描きたい絵を描けるチャンスが訪れたということではないでしょうか。それは、適切な指示（プロンプト）が出せるかにかかっています。

ChatGPT を使って英語で発信する

今度は、英語に翻訳してくれる ChatGPT を操る状況を考えてみましょう。次の 2 つの日本語を英語で表現するにはどうしたらよいでしょうか。

①私は山田です。
②吾輩は山田でござる。

例文②は日本の古風なニュアンスを含んでいるので、英語に翻訳するのは至難の業かもしれません。❶を見てください。既存の機械翻訳にかけただけでは、Ⓐのような英語にしかなりませんでした。しかし、本稿で後述するプロンプトを出したことで、ChatGPT はⒷのように訳し分けることができました。

このように ChatGPT の能力を最大限に活かすためには、使う人が、言葉に関する説明をプロンプトとして指示する必要があります。言葉を説明するた

山田 優

東京都出身。立教大学 異文化コミュニケーション学部 教授。米国ウエストバージニア大学大学院修士（言語学）。立教大学大学院異文化コミュニケーション研究科 博士（異文化コミュニケーション学／翻訳通訳学）。フォードモーター社内通訳者、産業翻訳者を経て、株式会社翻訳ラボを設立。八楽株式会社チーフ・エバンジェリスト。オンラインサロン翻訳カフェ主宰。日本通訳翻訳学会（JAITS）理事、一般社団法人アジア太平洋機械翻訳協会（AAMT）理事歴任。著書に『自動翻訳大全』（三才ブックス）、『Metalanguages for Dissecting Translation Processes』（Routledge）（前者は共著、後者は共編）等がある。

1

●既存の機械翻訳とChatGPTの訳し分け

A
①私は山田です。
I'm Yamada.
②吾輩は山田でござる。
My name is Yamada.

（Google 翻訳、2023年10月）

B
①私は山田です。
I'm Yamada.
②吾輩は山田でござる。
Lo, I am known as Yamada.

（ChatGPT Plus、2023年10月）

めの言葉のことを「メタ言語」といいます。

　適切なプロンプトを出せるスキルを身に付けられれば、英語力と日本語力の両方を含む「言語総合能力」の向上につながると筆者は考えます。そうして得られた ChatGPT の英語の結果からも、私たちは、日本語の微妙なニュアンスとそれに対応する英語の多様な表現について学ぶことができます。つまり、**ChatGPT を活用して英文を作成すればするほど、英語力を向上させることができるかもしれない**のです。そのための**キーワードがプロンプトとしてのメタ言語**になります。本稿では、そのための考え方をお伝えします。

分ければ分かる：
言葉は2つの要素でできている

　ChatGPT を活用して、適切な英語を生成するために、メタ言語という要素が重要であることを述べました。**メタ言語とは、単語や文を説明するための言葉**です。英文法はメタ言語の一形態と言えます。

しかし、英文法だけでは、言葉の多面性を十分に説明することはできません。文法の枠を超えた部分で、私たちの言葉に対する説明力は急速に低下します。

　上で見たように、日本語の「私は山田です」と「吾輩は山田でござる」は同じメッセージを伝えていると言えますが、ニュアンスの違いがあります。この違いを言葉で説明するのは難しく、ここに文法の知識だけでは説明できない要素が存在します。これを理解するために、文法以外のメタ言語が必要になります。

　言葉は大きく分けて、2つの構成要素で成り立っています。命題とモダリティです。「自分が言いたいこと」、いわゆる情報に関係するのが「命題」です。そして、言いたいことを「どう」伝えるのかに関わるのが「モダリティ」です。**私たちのコミュニケーションは、「言いたいことを伝える（命題）」と「それをどう伝えるのか（モダリティ）」の2つの要素で成り立っています。**英語の文も同様に、命題とモダリティに分けられます（次ページ**1**参照）。

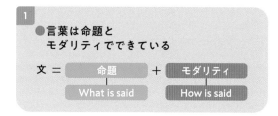

1 ●言葉は命題とモダリティでできている

文 ＝ 命題 ＋ モダリティ
　　　What is said　　How is said

　先程の例文では、「私＝山田」と言う共通の命題を、モダリティを調整して伝え方を変えたと言えます。先の英訳を ChatGPT に翻訳してもらうために、プロンプトに「モダリティ」という言葉を含めていたのでした。以下の❷がそのプロンプトになります。

「伝わる英語」に必要なモダリティ

　私たちのコミュニケーションで本質的に重要なのが、言いたいこと（命題）であるのは自明ですが、実際には、適切な言い方（モダリティ）で伝えられるかも重要な役割を果たしています。特に、**英語でのコミュニケーションの場合、多くの人は、私自身も含めて、「英語で適切に表現する能力が足りない」という問題に直面している**のではないでしょうか。つまり、流暢な言い方が思い付かないという問題で

す。　これは私たちが英語のネイティブではないということとも無関係ではないでしょう。

　しかし、ChatGPT などの大規模言語モデルは、非常に流暢な英語を生成してくれます。ですから、私たちはモダリティや流暢さについては、AI の力を借りてみる価値があるということです。そのために、私たちは英語で「言いたいこと」を「適切な言い方で伝えられる」ために、適切なプロンプトを出し、そして確認できるようになるのが重要です。行き着くところ、日本語にしても英語にしても、**言葉というものは命題とモダリティで成り立っているので、これら2つの最適化が私たちがすべきこと**なのです（次ページ❷参照）。

　それでは、以上の観点から、「モダリティ」というメタ言語を使って、右ページ❸のように2つの日本語を ChatGPT に翻訳してもらいましょう。

　「モダリティを考慮して訳し分けして」という、メタ言語を使ってプロンプトを出したことで、英語の微妙なニュアンスの表現方法と説明を ChatGPT から得ることができました。

2

プロンプト（ChatGPTへの指示）

😊 次の日本語をモダリティを考慮して、英語に翻訳してください。

　私は山田です。
　吾輩は山田でござる。

ChatGPTの回答

🤖 翻訳を行いますが、2つ目のフレーズには古風で堅苦しいニュアンスを含めることに注意しています。

1. 私は山田です。
　- I am Yamada.
2. 吾輩は山田でござる。
　- Lo, I am known as Yamada.
この場合、2つ目のフレーズの「Lo」を使用して、古風でありながらも威厳のあるニュアンスを追加しました。言語のモダリティを考慮し、少しフォーマルで古典的な感じを出すためにこの言い回しを選びました。なお、一つ目の文はシンプルかつ通常の表現を保持しています。

（ChatGPT Plus、2023年10月）

2

●適切な英語にするためAIを使う価値がある

	命題・正確性	モダリティ・流暢性
日本人の英語力		
AIの英語力		

AIの力を借りて最適化する

さまざまなメタ言語

言葉について説明する言葉はすべてメタ言語になりえます。次ページの❹で、具体例を見てみましょう。

❸の1つめの英文の中に「freaking」や「insanely」と言う単語が出てきました。これらの単語にあまりなじみがない場合は、そのことを ChatGPT に伝えて、別の表現に変えてもらうこともできます。

伝え方は ChatGPT の力を借りる

ビジネスの場などでは、適切な表現で英文メールを書かなければならないことが多々あります。こんな場合は、**まず自分が言いたいこと（命題）をクリ**

3

プロンプト（ChatGPTへの指示）

😊 次の2つの日本語を英語に訳してください。モダリティを考慮して訳し分けしてください。

今日はめちゃくちゃ寒いんだけど、マジやばくない。
今日は本当に寒いですね。驚きました。

ChatGPTの回答

モダリティを考慮すると、一つ目のフレーズはカジュアルで少し若者言葉のニュアンスがあり、二つ目のフレーズはフォーマルで一般的です。それに基づいて訳をします。

1. 今日はめちゃくちゃ寒いんだけど、マジやばくない。
英訳：It's freaking cold today, isn't it insanely so?
または：Man, it's so freaking cold today, isn't it just crazy?

[備考：非フォーマルな言い回しとして、"freaking" と "man" という単語を使用し、若者言葉やカジュアルな言い回しを表現しています。]

2. 今日は本当に寒いですね。驚きました。
英訳：It is really cold today, isn't it? I was surprised.
または：It's truly cold today, isn't it? I was taken aback.

[備考：一般的で礼儀正しい言い回しとして、"really" や "truly" を使用し、驚きの表現として "I was surprised" または "I was taken aback" を挿入しています。]

注意：英語のニュアンスは地域や文化によって多少異なる可能性があります。文脈や話している人々の関係性によっても、最も適切な表現が変わることもあります。これらの訳は一つの参考例として捉えてください。

（ChatGPT Plus、2023年10月）

4

😊 次の英語を、もともとのニュアンスやモダリティを変えずに、日本の中学生レベルでもわかる英語に書き換えてください。

It's freaking cold today, isn't it insanely so?

ChatGPTの回答

🤖 元のフレーズのニュアンスやモダリティをできるだけ保ちながら、中学生レベルにもわかりやすくするのはちょっと難しいですが、こういう形になるかもしれません：

"It's super cold today, isn't it really crazy?"

"Super" は "very" よりもカジュアルで強調した感じを出す単語で、「めちゃくちゃ」のニュアンスに近いです。"Really crazy" は「マジやばい」の軽い感じを保ちつつ、強い表現を少し緩和していますが、"insanely" よりも中学生にとっては理解しやすいでしょう。

（ChatGPT Plus、2023年10月）

アにしておいて、次にどのような英語表現にしたいのか（モダリティ）をプロンプトで指示すれば、ChatGPT が適切な英語にしてくれます。

❺に示すように、プロンプトに合わせて ChatGPT が英語メールのひな形を作成してくれました。

正しい英語になっているのかを確認する

さて❺で見たように、ChatGPT が英文のメールを作成してくれましたが、これが本当に適切なのかどうか、私たちの英語力では判断できないこともあり

5

プロンプト（ChatGPTへの指示）

😊 次の日本語を、相手に無礼のないような丁寧な英文メールに仕立ててください。

今週の木曜日に予定されていた会議を延期したいです。今までマイケル様とは何度もやりとりをして、せっかく決定したスケジュールだったのにほんとに申し訳ありません。ご都合を教えてください。

ChatGPTの回答

🤖 Subject: Request to Reschedule Thursday's Meeting

Dear Michael,

I hope this message finds you well. I regret to inform you that I must request to reschedule our meeting planned for this Thursday. I sincerely apologize for any inconvenience this may cause, especially given our prior arrangements.

Could we explore alternative dates that suit your schedule? I appreciate your understanding and flexibility.

Warm regards,

[Your Name]

（ChatGPT Plus、2023年10月）

ます。その場合は思い切って、❻のように ChatGPT に聞いてみましょう。

AI と人間の協働の時代へ

ChatGPT のモダリティの精度の高さと、その的確な説明力についてご理解いただけたでしょうか。このように、ChatGPT の流暢性はとても高く、ネイティブの英語話者のような表現ができるので、私たちはその恩恵を大いに受けることができるのです。

となると、**ChatGPT のような大規模言語モデルを活用するためには、私たちは「言いたいこと（命題）をクリアにすること」に時間と努力を費やしたほうが得策かもしれない**ということです。逆に、大規模言語モデルが出力した英語の流暢性を修正しよ

うとしても、私たちの英語力では及びません。

いずれにしても、命題とモダリティという言語の2つの側面を意識し、それらをコントロールしたり確認しながら、大規模言語モデルに適切なプロンプトを出せるようになるということが最も重要だということです。大事なポイントなので、繰り返しますが、**英語力そのものより、言葉の問題に気づける能力（メタ言語能力）のほうが大事**だということです。大規模言語モデルに英語について質問できる能力と換言してもよいでしょう。これが未来をひらく英語力です。この状況を理解しメタ言語能力を鍛えることが、これからの社会において私たちが AI と協働していく上で、非常に重要なことかもしれません。

注: 本稿は『ChatGPT 翻訳術　新 AI 時代の超英語スキルブック』（アルク刊）の一部に加筆・修正を加えたものです。

デジタルネイチャーで
テクノロジーと日本を共鳴させる
現代の魔法使い

国境なきニッポン人
JAPANESE WITH

 取材・文：織田孝一　写真：山本高裕（編集部）

メディアアーティスト

落合陽一

OUT BORDERS

落合陽一さんはメディアアーティスト、科学者、教育者、
さらには自ら立ち上げたベンチャー企業のCEOなど数多くの顔を持つ。
アーティストとしての作品は最新テクノロジーを駆使する一方、
茶道、民藝、仏教、老荘思想などと呼応したものも多く、
他の追随を許さない独創的世界を生み出している。
落合さんに、その考え方や現在の世界の変化について尋ねた。

デジタル世界と自然が一体に

　落合さんが今から10年ほど前、20代の頃から唱えていたのが「デジタルネイチャー」の概念である。「デジタル」と「ネイチャー」。これらはひと昔前の感覚では反対の概念に見える。ネイチャーをアナログと言い換えるならば、コンピュータに代表されるデジタルと、アナログはあたかも対語のように使われてきた。ちなみにアナログ（analog）は連続的・流動的量を、デジタル（digital）は、分割された段階的量を意味する。

　しかし、21世紀に入り、デジタル世界がどんどん増え、自然と融合し、今や渾然一体となっている。これは、従来になかった新しい自然、デジタルネイチャーだというのが落合さんの考え方である。

　もともと落合さんがデジタルネイチャーの概念に至ったのは、映像と物質の融合を志向したからだという。「質量のない映像の世界、質量のある物質の世界を自由に往復できないか、映像のように物質を動かし、物質のように映像を具現化したいと考えていました」。

　最初は「コンピューテーショナルネイチャー」という名も考えたが、デジタルという語が、2進法だけではない広い意味に使われ、人口に膾炙（かいしゃ）していたこともあって、デジタルネイチャーと名づけた。やや古典的な響きの「計算機自然」とも呼ぶ。

　実は日常世界にコンピューティングを溶け込ませる発想は以前からあった。その嚆矢（こうし）はマーク・ワイザー[※1]が提唱したユビキタスコンピューティングだ。どこでもコンピュータにアクセスでき、しかも人間がコンピュータの存在を意識しない技術のことで、後にワイザーは「カーム・テクノロジー（calm technology）」と呼ぶようになる。これは今日のIoT（Internet of Things）やアンビエントコンピューティングへと発展していく。

　それが可能になったのはハードウェアの小型化、モバイル化、無線、ネットワーク、センサー、ビッグデータ、ロボティクス、アクチュエータ、VRなどの技術の発展と連携があったからである。しかもインターネットに典型的であるように、テクノロジーは人間の管理を越え、植物のように繁殖していく。

　コンピュータを作ることすら人間の手を離れ始めている。「今、チップセットはコンピュータが作っています。人間がしているのはそれを手伝うくらい。人間は農業に従事してきましたが、種から作ることはできませんよね。その意味ではコンピューティングも農業的になってきたと言えます」。

　デジタルネイチャーには、こうしたコンピュータ側の進化・発展に加え、もともと自然そのものがデジタルであるという認識がある。例えば一般には最もデジタルから遠いように見える生物体も、そのDNAは、アデニン（A）、チミン（T）、グアニン（G）、シトシン（C）の四つの塩基の組み合わせのみで組成される。つまり四進法のデジタルなのだ。デジタルネイチャーの宣言にも、デジタルとは生物の生み出した叡智（えいち）である、という表現がある。

　デジタルネイチャーは自然の発展過程の一つだと落合さんは言い切る。「質量のある自然と質量のな

コロイドディスプレイ：シャボン膜のような透明な薄膜は光が透過するため本来は映像を投影できないが、超音波によってその光を高速に拡散することで可能に。この作品は触れれば消えてしまう物質的な脆弱性と、薄膜の上で超音波振動と光の出会う場所でのみ描かれるという特殊性の上に成り立っている。

い自然の相互依存関係は今も広がり続けています」。

生成AIと一体になった人間だけが生き残る

近年は大規模言語モデル（LLM）、そしてこれを応用した生成 AI が登場し、急速に影響をおよぼしている。これまで人間にしかできないと思われていたさまざまな活動ができるようになってきた。

落合さんもソフトウェアや文章を書くとき、生成 AI を使って効率化するようになった。「AI の良い影響は確かにある。AI の発達のすさまじいスピードを見れば、今後は AI と合体した人間しか生き残れないでしょう。同時に今は、産業革命以来、最もエキサイティングな時代であるとも思います」。

デジタルネイチャーの概念を発展させながら、落合さんはメディアアート作品を次々と発表し、世界的な評価を受けている。さらに2015年にはピクシーダストテクノロジーズを起業し、自ら CEO となり、今年 NASDAQ に上場した。大学の研究者としては現在、筑波大学 / デジタルネイチャー開発研究センター長として約50人の学生の指導にも当たる。政府などの公職も多い。

まさに八面六臂の活躍だが、根幹は変わっていないと静かに語る。「僕がしていることは基本的には同じ。デジタルネイチャーを追い続けるという同じ水源から流れ出した水流がさまざまな研究や表現になっていく。それが、外からはいろいろなことをしているように見えるのかもしれません」。

落合さんは、波動制御技術を活用するテクノロジー企業、ピクシーダストテクノロジーズ株式会社の代表取締役兼 CEO の顔も持つ。同社は、2023年8月1日に Nasdaq Capital Market に上場。同月25日に上場セレモニー（Bell Ringing Ceremony）が開催された。
Photography courtesy of Nasdaq, Inc.

水源が一つで、表出がさまざまであることはメリットととらえている。多様でありながら分散してしまうことはないからだ。

水源は一つではあるが、毎年3月頃に落合さんは、"テーマのようなもの"を考え、その年の方向性を決めている。「これには時々の世相が影響します。一昨年はコロナ下で誰もが身体を隠すようになったから逆に裸体を考え、ヌード写真を撮っていました。昨年は DJ になることを考えました。音や光の変換や人と人との連結に触発されるところがあったからです。今年のテーマは真言密教です」。

なぜ真言密教なのか。こんな答えが返ってきた。「生成 AI が出てきて、LLM（大規模言語モデル）が脚光を浴びていますよね。しかし言語をそのままテーマにするのはつまらないと思った。それでソシュール言語学を念頭に置きました。ソシュール[2]の理論は、空海が『声字実相義』という書物で説いたことと同じです。しかも空海の方が800年も早い。それなら真言密教まで遡って、オリジナルの仏像を作ろう、と考えたわけです」。実際、今年の個展では、

岐阜県高山市の日下部民藝館をまるごと使い、菩薩像や曼荼羅などのモチーフをデジタルと融合させた作品を展示した[3]。さらにここで展示した菩薩像は、最後に開眼法要まで行った。

こういう発想は凡百の人にできるものではないだろう。歴史を踏まえた深い教養があり、最新テクノロジー、文化の本質やコンテクストへの洞察があって初めて出てくるものだと思う。

また、この作品にも表れているように、落合さんのアートは広義の日本文化に根ざしたものが多い。「日本は元来、自然と一体となった文化を持つ国です。民藝にしろ、茶にしろ、デジタルにしたことで、その様相が変化することはあっても、根本の日本文化と相反するものではありません」。

日本科学未来館で、2019年から常設展示されている、落合さんのアートディレクションによる、『計算機と自然、計算機の自然』は、茶室をイメージして作った。そうした縁もあって、4年ほど前から落合さんは裏千家の茶道を学び始めた。

「茶道を知って、茶室の中のオブジェクト同士の相互依存関係の強さに気づくようになりました。そこにある書は誰がいつ書いたものなのか、葉が一枚置かれていれば、それは何のためなのか、なぜその葉なのか、など、一つひとつに意味があり、他との関係があります」。

大衆化した日本の文化状況

しかし歴史も含めて本質を考え、批評性の高い作品を送り出しても、日本では理解できる受け手が極めて少ない。落合さん自身は、ファインアートはエンタテインメントと違って一般の受け手に説明する必要はないと考えている。「僕がエネルギーを注いで創った作品も、勉強不足の人にはわからないだろ

うな、と思います」。

　問題は落合さんが、キュレーターのような本来、勉強している専門家であるべき人たちの理解も超えたところにいることだ。

「日本には、アート、コンピュータ、科学など複数のジャンルの知識を持ち、Ph.D. を持ち、論文も読んでいる、といった人材がいません。いないままにインターディシプリナリー（学際的）なテーマの展覧会の企画をしたりするから、レベルの低い展覧会が増えている。これまでのアートの世界は単一のジャンルを職人芸的に突き詰め、村社会のような場で評価を得れば済んでいたからでしょう。しかしそれはプロフェッショナリズムではない。これは日本のあらゆる分野で起こっている問題だと思います」。

　こうした状況もあって、現在の日本で、歓迎されるものは大衆（マス）受けするものばかりになり、本質的、独創的なものではなくなっている。結局、落合さんは、国内で"受ける"ことはまったく期待せず、作家としては世界での発信に重きを置くようになっている。

　これは一国の文化としてかなり深刻な問題だ。「戦前は、南方熊楠、鈴木大拙のように英語でしっかりとした内容を世界に発信するのは知識人として普通のことでした。ところが高度成長期くらいから、それをする人がいなくなった。大衆に受けるかどうかと関係な

く、個人としての哲学を持ち、そこから世界観を表現して世界に発信する。そういう知識人のありかた自体が失われたと感じます」。

　その原因ははっきりとはわからない。しかし、これからの日本を考えたとき、戦前の知識人や芸術家を見て考え直すことは意味がありそうだ。

　落合さん自身は英語での発信を意識している。研究者としての論文は英語でしか発表していない。また作品は海外で展示されることが多く、海外では英文での説明文を付けている。英語での講演もある。ただ、作品に関係して日本文化を説明するとき、日本人ならある程度知っていることから始めなくてはならない。「禅とは何か、鈴木大拙の言う『日本的霊性』とはどういう考え方か、日本人の自然観はどうなのか、仏教の考え方は、と逐一説明しなくてはなりません。それはかなり手間のかかる作業です」

「テクノロジー×民藝×仏教」で生み出された《オブジェクト指向菩薩》。生成 AI の文字データから二次元の姿を作成。そこから起こされた三次元データをもとに家具職人が木から姿を削り出し、当地の職人が仕上げを施したという。岐阜県高山市の日下部民藝館で開眼法要が執り行われた。

（左から）落合さんのデビュー作『魔法の世紀』（PLANETS）。「映像の世紀」だった20世紀の後に訪れる「魔法の世紀」21世紀。VR や AR の成立以前まで振り返り、「魔法の世紀」をさまざまな観点から描いている。／『デジタルネイチャー 生態系を為す汎神化した計算機による侘と寂』（PLANETS）。十分に発達した計算機群は自然と見分けがつかない──。その状態を「デジタルネイチャー」と名付け、未来像を語る。／オフィシャルサイト https://yoichiochiai.com/

と語る。

　今、英語を学んでいる人たちに対しては、「伝えたいことがなければ英語だけを学んでも意味がありません。日常を楽しく暮らすレベル以上の、かなり高い質のコミュニケーションをする、という前提で言うなら、そもそも内容のある人だと見てもらえなければ、話を聞いてもらえません」。

　勉強し、考え、他者が耳を傾けるに値する話ができる人になることがすべての前提と言えそうだ。

　落合さんは、インタビューの最後に、今の時代に生きる私たちにこんな英文メッセージをくれた。

◁» **075**　※落合陽一さんからの英語のメッセージを肉声で聞くことができます（音声の聞き方は p. 7）

　I think the world is changing so high speed. Almost 30 years ago, everything was decided by the professionals and also the decision makers or knowledge guides or like many professional thinkers. Now everything is so fast — like, the technology is now growing like exponential speed. So, because of that, actually we have no professionals and also no decision makers. So, because of that, it is the time to leap or it is the time to go.

※1　マーク・ワイザー：アメリカのコンピュータサイエンティスト。ユビキタスコンピューティングの創始者と言われる。ゼロックスパロアルト研究所（PARC）技術主任を務めた。

※2　ソシュール：フェルディナン・ド・ソシュール。スイスの言語学者で近代言語学の父と呼ばれ、言語学者に限らず、多くの思想家、哲学者にも影響を与えた。

※3　「落合陽一 ヌル即是計算機自然：符号化された永遠、オブジェクト指向本願」展（岐阜県高山市　日下部民藝館）2023年9月17日〜11月5日

落合陽一 （おちあいよういち）

メディアアーティスト。1987年生まれ、東京大学大学院学際情報学府博士課程修了（学際情報学府初の早期修了）、博士（学際情報学）。筑波大学デジタルネイチャー開発研究センターセンター長、准教授・JST CREST xDiversity プロジェクト研究代表。2015年 World Technology Award、2016年 Prix Ars Electronica、EU より STARTS Prize など受賞歴も多い。個展として「質量への憧憬（東京・2019）」、「情念との反芻（ライカ銀座・2019）」など多数開催。著作に『魔法の世紀』（PLANETS）、『デジタルネイチャー』（PLANETS）など。「物化する計算機　自然と対峙し、質量と映像の間にある憧憬や情念を反芻する」をステートメントに、研究や芸術活動の枠を自由に越境し、探求と表現を続けている。

難易度
level 4
★ ★ ★ ★ ★

🔊 008

SPECIAL SPEECH

Kurt Vonnegut
カート・ヴォネガット

作家

DATA
収録日：1998年（ライス大学での祝辞）

何事も金額の多寡でモノの価値が測られることが多い昨今。カート・ヴォネガット氏が1998年にライス大学の卒業生に贈ったスピーチは、そんな風潮に一石を投じています。人は何のために生きるのか、われわれも立ち止まって考えてみませんか。

Kurt Vonnegut
カート・ヴォネガット（作家）

1922年、アメリカ、インディアナ州生まれ。
2007年没。アメリカの小説家、エッセイスト、
劇作家。人類に対する絶望と愛情を、皮肉を
込めたユーモラスなタッチで描いた。現代アメリ
カ文学を代表する作家の一人とみなされてい
る。代表作には『タイタンの妖女』、『猫のゆり
かご』、『スローターハウス5』、『チャンピオンた
ちの朝食』（ハヤカワ文庫SF）などがある。ア
メリカヒューマニスト協会の名誉会長も務めた。

伝説の作家、
「この世界でいちばん素敵なこと」を語る

写真：ZUMA PRESS/アフロ（p. 43）、AP/アフロ（p. 44）

If this isn't nice,
what is?

——これが素敵でなかったら、何が素敵なんだ？

『スローターハウス5』

カート・ヴォネガット・ジュニア 著／
伊藤典夫 訳／ハヤカワ文庫SF／720円
＋税
第二次世界大戦のドレスデン爆撃から
始まる、著者自身の戦争体験をも絡め
たSF長編。原書は1969年に刊行され、
世界的な称賛を得た。当時彼はカート・
ヴォネガット・ジュニアを名乗ってい
る。

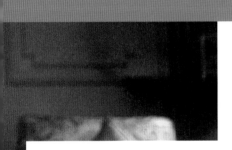

　文学というと、易しいことを難しく言うもの、と
いう先入観があるかもしれない。まあそういうやり
方も、批評では異化作用（defamiliarization）などと
呼ばれて、それはそれで意義があるのだが、カート・
ヴォネガットはその逆に、難しいことを易しく言う
ことに長けた人である。気の好い叔父さんがのんび
り喋っているような口調で、戦争、時間、人生の意
味といった大問題を、奇想天外な物語を通して語
る。19世紀の国民的作家マーク・トウェインにも匹
敵するその「敷居の低い深さ」ゆえに、1960年代
後半、まず若い世代の読者から圧倒的な支持を得
た。

　愛読者にはほとんど導師のように崇められる作家
だが、決して特定のイデオロギーを押しつける人で
はない。この祝辞を聞いても、思いつくままにささ
やかなメッセージや教訓を並べている観があって、
系統立てて論を組み立てようという意図は感じられ

ない。そのなかで、彼がしばしば戻ってくる思いは、
ごくシンプルに、助けあうこと、慈しみあうことの
大切さである。このスピーチでもそれが、「コミュ
ニティは大事」「隣人は大事」という主張に現われ
ている。が、そういう教訓で話をまとめるのも嫌な
のか、夏の盛りにリンゴの木の下でレモネードを飲
む快さに話をずらすところもこの人らしい。

　"If this isn't nice, what is?"——こういうキャッチー
なフレーズの使い方がヴォネガットは本当に上手い
（ちなみにこのフレーズはヴォネガットのスピーチ
集の書名にも使われている）。その一番有名な例が、
代表作 *Slaughterhouse-Five* で、誰か／何かが死ぬ
たびに呟かれる "So it goes"（そういうものだ）だ
ろう。この簡単な三語の中に、悲哀、諦念、悟り、
ユーモア……何が聞こえるかは読み手次第である。

柴田元幸（翻訳家、東京大学名誉教授）

BEFORE LISTENING 聞く前に

事前に音声の特徴や、リスニングのポイントを確認しておくと、聞き取りやすくなります。

INFORMATION 音声の特徴

形式：スピーチ　難易度：level 4 ★★★★★　速さ：やや速い

話し方・特徴
語彙豊富にユーモアを交え、様々な話題や具体例を提供し、思考を刺激する。声の抑揚と強弱を絶妙なバランスで使いこなし、聴衆を引き付けている。

CONTEXT スピーチの背景

　アメリカの小説家、エッセイストで劇作家でもあったカート・ヴォネガットは、1960年代から、若者たちの間でよく知られた存在でした。書くときも話すときも平易な言葉と言い回しで、常に新たなものの見方を提供し、幾つもの大学で卒業式のスピーチもしています。ここに収録されたライス大学でのスピーチもその一つで、今日キャンパスから旅立とうとしている若者たちに向かって、今後の人生を生きていく上で大切にしなければいけないことを、いろいろな人の言葉を引用しつつ説いています。その内容は大学生に限らず、年齢、性別、国籍、人種を越えて全ての人の傾聴に値すると言えるでしょう。

KEY WORDS 理解のためのキーワード

Methuselah
メトシェラ

969年生きたユダヤの族長。旧約聖書の『創世記』5章21節から27節に登場する。

Catch-22
『キャッチ=22』

アメリカの作家ジョゼフ・ヘラー（1923-99）が1961年に発表した小説。第二次世界大戦を幻想ともユーモアともつかない独特の筆致で鋭く風刺している。

white chip
白いチップ

チップとは、トランプゲームのポーカーで現金の代わりに配られるプラスチック製の代用コイン。中でも白いチップは一番価値が低い。

▶ NOW LISTEN!

To Adam and Eve　🔊 009

Kurt Vonnegut: Hello, I like your generation a lot — and I have no name for it, and I hope nobody else ❶comes up with one. Your elders love you and wish you much luck and expect great things from you.

Now, thank you and ❷blessed you and those who made it possible for you to study at this great American university. By becoming informed and reasonable and capable adults you made this a better world than it was before.

Have we met before? No, but I've thought a lot about people like you. ❸You men here are Adam. You women here are Eve. Who hasn't thought a lot about Adam and Eve?

アダムとイヴたちへ

カート・ヴォネガット：こんにちは。私はあなたたちの世代が大好きです。あなたたちの世代を何と呼んだらいいか、名前は思いついていません。誰かほかの人に先を越されないといいですが。年上の人たちはあなたがたを愛しています。あなたがたに大いなる幸があるよう願い、あなたがたに大いに期待しています。

ありがとう、あなたがたと、あなたがたをこの素晴らしいアメリカの大学で学ばせてくれた人たちに恵みがありますように。あなたがたが知識も理性も能力もある大人になることによって、この世界は前よりもよい場所になったのです。

私はあなたたちに会ったことがあるでしょうか？ありません。でも私は、あなたたちのような人々についてさんざん考えてきました。ここにいるあなたがた男性はアダムです。ここにいるあなたがた女性はイブです。アダムとイブについて、さんざん考えていない人なんているでしょうか？

---

❶ **come up with ~**　〜を思いつく

❷ **blessed**　★正しくはbless（[神が] 〜に加護を与える）。

❸ **You men here are Adam. You women here are Eve.**　★ここでは、卒業生一人一人がアダムでありイヴであるという意味で言っているため、AdamとEveは単数だが、それぞれの主語とbe動詞が複数形になっていると思われる。

This is Eden. You're about to get kicked out. Why? You ate the knowledge apple. And it's in your ❶tummies now. And who am I? Well, I used to be Adam but now I'm ❷Methuselah. And who is a ❸serpent among us? Anyone who would ❹strike a child.

ここはエデンで、あなたたちはいまにも追放されようとしています。なぜか？　知識のリンゴを食べたからです。いまリンゴはあなたたちのお腹の中にあります。で、私は誰でしょう？　私もかつてアダムでした。でもいまはメトシェラです。そして、私たちの中のヘビは誰でしょう？　子どもに暴力を振るおうとする者はみなヘビです。

I've got enough. 🔊 010

これだけあれば十分だ

Vonnegut: So ❺what does this Methuselah have to say to you, since he's lived so long? I'll ❻pass on to you what another Methuselah said to me — he's ❼Joe Heller, you know, of ❽Catch-22.

We were at a party on Long Island, given by a ❾multibillionaire. And I said to Joe, how does it make you feel to realize that this man, our host, only yesterday probably earned more money than *Catch-22*, one of the most popular books of all time, has earned in its publishing history worldwide, over the past 40 years? And Joe said to me, "I have something he can never have." And I said, "What's that?" And Joe Heller said, "The knowledge that I've got enough."

ヴォネガット：それで、メトシェラが、長く生きたからといって、あなたたちに何が言えるでしょう？　もう一人のメトシェラに言われたことを、あなたたちに伝えようと思います。ジョー・ヘラー、ご存じ『キャッチ＝22』の作者です。

私たちはあるパーティに来ていました。大金持ちがロングアイランドで開いたパーティです。私はジョーにこう言ったんです。「なあ、『キャッチ＝22』は永遠のベストセラーだ。でもこのパーティに僕らを呼んでくれた男は、昨日一日で、あの本が世界中で40年かけて稼いだ以上の金を稼いだにちがいないよ。そう思うと、どんな気がする？」。するとジョーは「俺はあいつが絶対持てないものを持ってる」と言うんです。「何だい、それは？」と訊くと、ジョー・ヘラーは「これだけあれば十分だっていう気持ちさ」と答えました。

---

❶ **tummy** ぽんぽん、おなか

❷ **Methuselah** メトシェラ ★➡p. 46の KEY WORDS 参照。

❸ **serpent** ヘビ、大蛇 ★snake よりも大型のものを指し、『聖書』を連想させる言葉。

❹ **strike** 〜をなぐる

❺ **what does this Methuselah have to say to you** 直訳すると「あなたたちに言うべくメシュトラは何を持っているか」。have to do (〜しなくてはならない) ではないことに注意。

❻ **pass on to ~** 〜に伝える

❼ **Joe Heller** ★=Joseph Heller (ジョゼフ・ヘラー)。(1923-99)。アメリカの風刺作家、小説家、戯曲家。

❽ *Catch-22* 『キャッチ=22』 ★➡p. 46 の KEY WORDS 参照。

❾ **multibillionaire** 億万長者、大富豪

❿ **comfort** 慰め

⓫ **bottom line** 最終的な収益 ★ここでは「損得勘定」くらいの意。

Now, his example may be a [10]comfort to many of you Adams and Eves who in later years will have to admit that something has gone terribly wrong and that, despite the education you received here, you have not become billionaires.

Now this can happen to people who are interested in something other than money, or the [11]bottom line. We call such people saints, or I do.

そういう例を聞くと、あなたがたアダムとイブも慰められるんじゃないでしょうか。あなたがたの多くは、将来、何かがとんでもなく間違ってしまったと認めざるをえなくなるでしょう。せっかくあの大学で立派な教育を受けたのに、大金持ちになり損なってしまった、と。

お金以外の何か、損得以外の何かに興味がある人は、ジョー・ヘラーのように考えることができるんです。そういう人たちを我々は聖者と呼びます。少なくとも私はそう呼びます。

Money can't measure it. 🔊 **011**

Vonnegut: Well-dressed people ask me sometimes, with their teeth ❶bared ❷as though they were about to bite me, if I believe in the ❸redistribution of wealth. I can only reply that it doesn't matter what I think — that wealth is already being redistributed every hour, often in ways which were absolutely fantastic.

　Nobel Prizes are ❹peanuts when ❺compared with what a ❻linebacker for the ❼Cowboys makes in a single season.

　For about 100 years now, the most ❽lucrative prize for a person who had made a really meaningful contribution to the culture of the world, ❾ahem, as a ❿physicist, a ⓫chemist, ⓬physiologist, ⓭a poli—a ⓮physician, a writer, a maker of peace, has been the Nobel Prize. It is about a million dollars now. Those dollars come ⓯incidentally from a fortune made by a ⓰Swede who mixed clay with nitroglycerin and gave us dynamite. ⓱Kaboom!

お金では測れない

ヴォネガット：さて、立派な服を着た人がときどき、いまにも噛みついてきそうに歯を剥き出して、富の再分配は正しいと思うか、と私に訊ねます。私としては、私がどう思おうと関係ないと答えるしかありません。富はすでに、毎時間、再分配されているのですから──それも実に途方もないかたちで。

　カウボーイズのラインバッカーが1シーズンで稼ぐ金に較べれば、ノーベル賞の賞金なんてはした金です。

　これまでほぼ100年、世界の文化に対して真に意味ある貢献を為した物理学者、化学者、生理学者、医師、作家、平和運動家といった人たちが受けうるもっとも賞金の高い賞はノーベル賞でした。現在その賞金はおよそ100万ドルです。ちなみにその資金を出したのは、土にニトログリセリンを混ぜあわせてダイナマイトを作ったスウェーデン人です。ドッカーン！

---

❶ **bare**　〜をあらわにする

❷ **as though** 〜　まるで〜するかのように　★=as if。

❸ **redistribution**　再分配

❹ **peanuts**　はした金

❺ **compare A with B**　AをBと比較する

❻ **linebacker**　ラインバッカー　★アメリカンフットボールの守備側のポジション。

❼ **Cowboys**　（ダラス・）カウボーイズ　★アメリカ、テキサス州アーリントンに本拠地をおくアメリカンフットボールのチーム。

❽ **lucrative**　もうかる

❾ **ahem**　えへん、ええっと　★咳払いの音。

❿ **physicist**　物理学者

⓫ **chemist**　化学者

⓬ **physiologist**　生理学者

⓭ **a poli—**　★おそらく a politician（政治家）と言いかけてやめた。

⓮ **physician**　医師

[18]Alfred Nobel [19]intended that his prizes make the planet's most valuable [20]inhabitants, independently wealthy, [21]so as not to be [22]inhibited or bent this way or that by powerful politicians or [23]patrons.

But $1 million is only a [24]white chip now, in the worlds of sports and entertainment, on Wall Street. In many lawsuits, it's [25]compensation for executives of our larger corporations.

One million dollars in the tabloids and on the evening news is [26]chump change in 1998. And I'm reminded of a scene in a [27]W.C. Fields movie in which he is watching a poker game in a saloon in a gold rush town. Field[s] announces his presence by putting a $100 bill on the table. Nobody looks up. Finally one of [28]'em says, "Give him a white chip."

アルフレッド・ノーベルが意図したのは、この惑星でもっとも大切な住民に自立できるだけの富を与えて、彼らの仕事が、権力のある政治家やパトロンに妨害されたり、あっちやこっちへ小突き回されたりしないようにすることでした。

けれども、100万ドルなんていまでは、スポーツ、エンタテインメント、ウォール街などでは、ほんの白いチップにすぎません。多くの訴訟で、大企業の重役が報酬として受け取る額です。

1998年の今日、タブロイド新聞やイブニングニュースに出てくる100万ドルなど「雀の涙」でしかありません。W・C・フィールズの映画の一場面を思い出します。ゴールドラッシュに沸く町の酒場で、フィールズがポーカーを見物しています。やがて彼は、俺も加わるぞと、100ドル札を1枚、テーブルの上に置きます。ところが誰一人、顔も上げません。そのうちやっと一人が言います。「こいつに白いチップ1枚くれてやれ」

---

[15] **incidentally** 付随的に

[16] **Swede** スウェーデン人

[17] **kaboom** ドドーン ★爆発音の擬音語。

[18] **Alfred Nobel** アルフレッド・ノーベル ★ (1833-96)。スウェーデンの化学者、発明家、実業家。ダイナマイトの開発で富を築き、遺産を「ノーベル賞」の創設に使わせた。

[19] **intend** 〜を意図する

[20] **inhabitant** 住民

[21] **so as not to do** 〜しないように

[22] **inhibit** 〜を妨げる

[23] **patron** 後援者、パトロン

[24] **white chip** 白いチップ ★➡ p. 46の

KEY WORDS 参照。

[25] **compensation** 賠償(金)、償い、報酬

[26] **chump change** はした金、少額のお金

[27] **W.C. Fields** W・C・フィールズ ★ (1880-1946)。アメリカのコメディアン、俳優、曲芸師、作家。

[28] **'em = them**

For Communities Are All 🔊 012

Vonnegut: But the cost of a college education, a minor ❶fraction of a million dollars, is anything but chump change for most Americans. Have academic degrees in the past been passports to international glory, to wealth ❷grotesquely out of scale with the needs of ordinary families?

In a few cases, ahem, ❸Rice can no doubt ❹name a handful of celebrities who came from here. ❺Larry McMurtry I know about. But most graduates from Rice or from Harvard or Oxford, or the Sorbonne or any place you ❻care to name have been of use locally rather than nationally. They have commonly been rewarded but modest, with modest but ❼adequate amounts of money and even less ❽fame. ❾In place of fame they may have had to be ❿content with someone's ⓫seemingly ⓬heartfelt thanks for something well done, from time to time.

コミュニティを大切に

ヴォネガット：とはいえ、大学の学費は100万ドルの何分の一、何十分の一ではあれ、大多数のアメリカ人にとっては「雀の涙」どころではありません。かつては大学の学位ともなれば、国際的な栄誉へのパスポートだったでしょうか？　普通の家族の必要からは異様なほどかけ離れた富へと至る道だったでしょうか？

　いくつかの例では、ライス大学卒の有名人を列挙することも可能でしょう。ラリー・マクマートリーなら私も知っています。でもライスの卒業生、あるいはハーバードだってオックスフォードだってソルボンヌだってどこだって、大半は地元で役に立つのがせいぜいで、全米で役立つなんてことはめったになかったでしょう。たいていはその報酬として、ささやかな、でもまあ十分な金を受けとっただけでしょうし、受けた名声となると、もっとささやかにちがいありません。時おり誰かから、よくやってくださいました、ありがとう、といちおう篤く感謝されることで満足するしかなかったでしょう。

---

❶ **fraction** 一部、端数

❷ **grotesquely** 異常に、ひどく

❸ **Rice** ライス大学　★=Rice University。アメリカ合衆国テキサス州の名門私立総合大学。最難関校の一つで、後出の William Marsh Rice（ウィリアム・マーシュ・ライス）により1882年に創設された。なおライスは遺産目当てで殺害されている。

❹ **name** ～の名前を挙げる

❺ **Larry McMurtry** ラリー・マクマートリー ★（1936-2021）。アメリカの作家、エッセイスト、脚本家。ライス大学卒。著書『ラスト・ショー』『愛と追憶の日々』が同名タイトルで映画化されている。

❻ **care to do** （あえて）～したいと思う

❼ **adequate** 十分な

❽ **fame** 名声

❾ **in place of ~** ～の代わりに

❿ **content with ~** ～に甘んじて、～に満足して

⓫ **seemingly** うわべは、見た目は

⓬ **heartfelt** 心からの

[13]In time, this will prove to have been the destiny of most, uh, but not all of the Adams and Eves in this, the class of 1998 at Rice, and [14]undergraduate students as we—and of the graduate students as well. They will find themselves building or strengthening their communities. Please love such a destiny if it [15]turns out to be yours. For communities are all that is [16]substantial about what we create or defend or maintain in this world. All the rest is [17]hoopla.

For your [18]footloose generation, that community could as easily be in New York City or Washington D.C. or Paris, as in Houston, or Adelaide, Australia or Shanghai, or Kuala Lumpur.

それがいずれは、いまここにいる、ライス大学1998年卒業のアダムとイブの、大学院生も含めて大部分の——まあ例外もいるでしょうが——運命となるでしょう。めいめいがコミュニティを築き、コミュニティを強化することでしょう。どうか、ご自分もそうなったら、ぜひそういう運命を愛してください。なぜならこの世界で私たちが創り、護り、維持するもので本当にちゃんと実があるのはコミュニティだけだからです。残りはみんな、ただの馬鹿騒ぎです。

あなたがたのような身軽な世代にとって、そのコミュニティはどこでもありえます。ニューヨーク・シティ、ワシントンＤＣ、パリでもいいし、あるいはヒューストン、それかオーストラリアのアデレード、上海、クアラルンプール。

---

[13] **in time** そのうち、早晩

[14] **undergraduate student** 学部生

[15] **turn out to be ~** ～になる

[16] **substantial** 内容のある

[17] **hoopla** 大騒ぎ

[18] **footloose** 自由気ままな

What it was we all lived for? 🔊 013

Vonnegut: [1]Mark Twain at the end of a [2]profoundly meaningful life for which he never received a Nobel Prize, asked himself what it was, was we all lived for. He came up with six words which satisfied him; they satisfy me too; they should satisfy you: "The good opinion of our neighbors."

Neighbors are people who know you, who can see you, who can talk to you, to whom you may have been of some help or a beneficial stimulation. They're not nearly as [3]numerous as fans, say, of Madonna or Michael Jordan.

To earn their good opinions, you should [4]apply the special skills you have learned here and meet the standards of [5]decency and honor and fair play set by [6]exemplary books and elders.

何のために生きるのか

ヴォネガット：マーク・トウェインはきわめて意味ある人生を送った末にノーベル賞はもらいませんでしたが、人はみな何のために生きるのか、と自問するに至りました。納得できる6語の答えを彼は思いつきました。私もそれに納得できます。あなたがたも納得してほしいと思います——The good opinion of our neighbors（隣人の好意的な意見）。

隣人とはあなたを知っていて、あなたが見えていて、あなたと話ができる人たちのことです。あなたがたが何らかのかたちで助けたか、何か有用な刺激を与えたかした人たちのことです。まあ数はマドンナのファン、マイケル・ジョーダンのファンには遠く及ばないでしょうが。

隣人の好意的な意見を勝ちとるためには、ここで学んだ特別な技術を駆使しないといけません。かつ、模範となる書物や長老が定めた、良識・道義・フェアプレーをめぐる水準を満たさないといけません。

---

[1] **Mark Twain** マーク・トウェイン ★ (1835-1910)。アメリカの著作家、小説家。代表作に『トム・ソーヤーの冒険』『ハックルベリー・フィンの冒険』など。

[2] **profoundly** 大いに

[3] **numerous** 多数の

[4] **apply** 〜を応用する

[5] **decency** 礼儀正しさ、品位、良識

[6] **exemplary** 模範的な

[7] **even money** 同額（対等）の賭け（金）、五分五分の勝ち目

[8] **wanna** ★=want to

[9] **buck** ドル

[10] **what the heck** 構うもんか ★heck は hell（地獄）の遠回し表現。

[11] **that's better than a sharp stick in the eye** 尖った棒で目をつつかれるよりいい ★「何もないよりはまし」ということ。

[12] **oration** 演説、式辞

[13] **utter** 〜を言葉で述べる

It's [7]even money that one of you will get a Nobel Prize. [8]Wanna bet? It's only a million [9]bucks, but [10]what the heck, [11]that's better than a sharp stick in the eye, as the saying goes.

Take Time to Notice Your Happiness

🔊 014

Vonnegut: This speech is now almost twice as long as the most efficient [12]oration ever [13]uttered by an American: Abraham Lincoln's [14]Gettyb—sburg Address. Lincoln was murdered by a [15]ham actor. The [16]founder of this university, uh, Mr. Rice was murdered for his money. Both were idealists and the evil— the good they did, lives after them.

Uh, up to this point, this speech has been new stuff written for this place and this occasion. But every graduation d—address I've delivered has ended, and this one will too, with old stuff about my Uncle Alex Vonnegut, my brother's kid—my father's kid brother. Uncle Alex, a Harvard graduate who was locally useful as an honest insurance agent in Indianapolis. He was also well-read and wise.

あなたがたの一人がノーベル賞を受賞するということだって、五分五分くらい可能性があります。賭けますか？　ま、ほんの100万ドルですけど。それでも、世に言うとおり、尖った棒で目をつつかれるよりいいですよね。

立ち止まって幸せを噛みしめる

ヴォネガット：このスピーチ、アメリカ人がこれまで口にしたもっとも効果的な演説の二倍近くになってしまいました。すなわち、エイブラハム・リンカーンのゲティスバーグ演説。リンカーンは大根役者に殺されました。この大学の創立者ライス氏は金ゆえに殺されました。二人とも理想主義者でした。二人が為した善は、死んだあとも生きつづけます。

ここまでのところ、このスピーチは、この場所・この機会のために新たに書かれた文章です。ですが、私の卒業式祝辞はかならず、私の父の弟アレックス・ヴォネガットをめぐる話で終わるのです。この祝辞もそうします。アレックス叔父さんはハーバードの卒業生で、地元インディアナポリスにおいて正直な保険外交員として役立った人でした。本もたくさん読んでいる賢い人でした。

---

[14]**Gettyb—sburg Address** ★
Gettysburg Address （ゲティスバーグ演説）と言おうとした。ゲティスバーグは南北戦争の激戦地。この演説でリンカーンは government of the people, by the people, for the people （人民の、人民による、人民のための政治）という有名な言葉を残している。

[15]**ham actor** 大根役者

[16]**founder** 設立者、創設者

One thing which Uncle Alex found [1]objectionable about human beings was that they seldom took time out to notice when they were happy. He himself did his best to [2]acknowledge that when times were sweet, ahem — we could be drinking lemonade in the shade of an apple tree in the summertime — and he would interrupt the conversation to say, "If this isn't nice, what is?"

So I hope that you Adams and Eves here, ahem, will do the same for the rest of your lives — when things are going sweetly and peacefully, please pause a moment and then say out loud, "If this isn't nice, what is?"

If this isn't nice, what is?   🔊 0 1 5

Vonnegut: Now that's one favor I've asked of you.

Now I ask another one. I ask it not only of the graduates but of everyone here, including [3]faculties — [4]keep your eyes on them. I want a show of hands when I ask this question.

アレックス叔父さんが人間についてひとつ異を唱えたのは、彼らが一歩止まって自分は幸せなんだと実感することがめったにない、ということでした。叔父さん本人は、よい時間を過ごすたび、幸福を言葉にするよう努めていました。たとえば夏の盛りに、リンゴの木の下でレモネードを飲んでいると、会話をふいに中断して、「これが素敵でなかったら、何が素敵なんだ？」と言うのです。

というわけで、いまここにいるあなたたちアダムとイブも、生涯同じことをやってほしいと思います。物事がいい具合に、平和に進んでいるとき、どうか一瞬間を置いて、「これが素敵でなかったら、何が素敵なんだ？」と声に出して言ってほしいのです。

これが素敵でなかったら、何が素敵なんだ？

ヴォネガット：そのことをまず、お願いしました。

もうひとつお願いします。これは卒業生にだけでなく、教授陣も含む全員に頼もうと思うので、教授たちのことを見張っていてくださいね。いまから質問をしますから、手を挙げてください。

---

[1] **objectionable** 異議のある

[2] **acknowledge** 〜を認める、（良いこと）を正当に評価する

[3] **faculty** （大学の）教授陣

[4] **keep one's eyes on ~** 〜を見張る

[5] **Hey presto** ほら ★突然何かが魔法のように現れるときに使う。

[6] **fake flower** 造花

56

How many of you have had a teacher at any level in your s—educations who made you more excited to be alive, prouder to be alive, than you had previously believed possible? Hold up your hands please . . .

Good . . . All right now take down your hands and say the name of that teacher to someone sitting or standing near you . . . All right, take your hands down. All done? If this isn't nice, what is?

It's springtime? **⑤**Hey presto. Ha-ha. *(KV produces a hidden bunch of* **⑥***fake flowers and raises them in the air. The audience laughs.).*

God bless you. Thank you.

「あなたがたの中で、学校教育のどの段階であれ、生きるって面白い！と思ってもいなかったほどワクワクさせてくれた先生、生きていて誇らしい！と心底思わせてくれた先生がいた人は？」。挙手、お願いします（大半が手を挙げる）。

結構。では手を下ろして、今度はその先生の名前を、そばにいる人に向かって言ってください。結構。手を下ろして。皆さん言いましたか？ これが素敵でなかったら、何が素敵なんでしょう？

いまこそ時は春、ほらこのとおり（隠していた造花の花束を出して掲げる。観客笑う）。

皆さんに神の恵みがありますように。ありがとう。

（訳：柴田元幸）

AFTER LISTENING 聞いた後に

内容理解クイズで、どれくらい聞き取れたかを確認します。
次にディクテーションとシャドーイングに取り組み、リスニング力とスピーキング力を鍛えましょう。

❓ TRUE/FALSE REVIEW 内容理解クイズ

スピーチの内容と合っていればT (True) を、違っていればF (False) を選んでください。間違っていたら、解答と日本語訳をしっかり確認しましょう。

[解答と日本語訳] p. 59

1 Vonnegut implies that rich people never know when they have enough money.

[T ／ F]

2 According to Vonnegut, Alfred Nobel wanted his prize money to ensure that its winners could not be influenced by offers of money.

[T ／ F]

3 Vonnegut expects a lot of the audience to go on to become famous.

[T ／ F]

4 Vonnegut says his Uncle Alex didn't know the meaning of the word "nice".

[T ／ F]

✎ DICTATION ディクテーション　🔊 016

音声を聞き、下の欄に書き取りましょう。手順はp. 5参照。

［解答］p. 56、12〜14 行目

. . . when

what is?

DICTATION GUIDE > 少し速いため and then の and が弱形 [n] で発音され、pause a で連結し、moment の [t]、say out loud の [t] と [d] が脱落しています。聞き取れない・間違えた箇所は、繰り返し聞くことが大切です。"If this isn't nice, what is?" というフレーズでは this が強調されている点を意識し、せっかくですからヴォネガットの推奨どおり、幸せな瞬間につぶやいてみませんか。

TRUE/FALSE REVIEW　解答と日本語訳

1 True
ヴォネガットは、金持ちは自分がいつ十分な金を手にしているのか分からないとほのめかしている。　［該当箇所］TRACK 010

2 True
ヴォネガットによれば、アルフレッド・ノーベルは、受賞者が金銭の申し出によって左右されることのないよう、賞金を用意したかったのだという。　［該当箇所］TRACK 011

3 False
ヴォネガットは聴衆の多くが有名になることを期待している。　［該当箇所］TRACK 012

4 False
ヴォネガットは、彼の叔父アレックスは "nice" という言葉の意味を知らなかったと言っている。　［該当箇所］TRACK 014

◯ SHADOWING　シャドーイング

🔊 **017**

次の部分をシャドーイングして、聞き取る力と同時に話す力も鍛えましょう。
手順はp.5参照。

［抜粋箇所］p.54、8〜12行目

Neighbors are people who know you, who can see you, who can talk to you, to whom you may have been of some help or a beneficial stimulation. They're not nearly as numerous as fans, say, of Madonna or Michael Jordan.

SHADOWING > 隣人との関係性を説明している前半の部分では、かなりスピードを上げ、節をつなげて、節の終わりごとに上昇
GUIDE　調のイントネーションを用いています。口と喉を手際よく機能させ、できるだけ近い発音になるまで練習してくだ
さい。後半では、「例えば」の意味で具体例を示すときの say の使い方に慣れておきましょう。

60

難易度
level 3
★★★★★

🔊 018

INTERVIEW PLAYBACK 1

Kevin Kelly
ケヴィン・ケリー

『WIRED』創刊編集長、未来学者

DATA
取材日：2021年7月13日
インタビュアー：大野和基
掲載号：2022年2月号

対話型AIで書かれた論文を見破ることができるのか、AI技術が武器に転用される現状をどう見るのか等々、AIを巡ってはさまざまな問題が提起されています。今後我々はこの最先端テクノロジーとどう付き合っていけばいいのでしょう。テックカルチャー・メディア『WIRED』の元編集長の考えは大いに参考になりそうです。

Kevin Kelly

**ケヴィン・ケリー（『WIRED』創刊
編集長、未来学者）**

1952年8月14日、アメリカ、ペンシルベニア
州生まれ。1993年にテックカルチャー・メディ
ア『WIRED』を共同設立、1999年まで編
集長を務める。現在は著述家として新聞や雑
誌などに寄稿する他、編集長として毎月50万
人のユニークビジターを持つウェブサイト
「CoolTools」を運営。主な著書に「テクニウ
ム」（みすず書房）、『〈インターネット〉の次に
来るもの』（NHK出版）、『5000日後の世界
すべてがAIと接続された「ミラーワールド」が
訪れる』（PHP新書）などがある。

テクノロジーに耳を傾けると分かる未来

　写真：Oriental Image via Reuters Connect（p. 61、p. 62）

I think weaponizing technology is inevitable and very hard to control, but it's possible.

——テクノロジーの兵器化は避けられないし、制御するのは非常に難しいと思いますが、起こり得ることです。

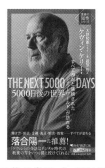

『5000日後の世界 すべてがAIと接続された「ミラーワールド」が訪れる』

ケヴィン・ケリー 著／大野和基 インタビュー・編／服部 桂 訳／PHP 新書／950円＋税
インターネットが商用化されてから5000日後にSNSが勃興。さらにSNSの始まりからさらに5000日が経った現在、インターネットは社会に不可欠な存在に。では今後5000日後に何が起こるのか。ビジョナリー（予見者）とも称される著者が語る。

　未来を予測するのはますます難しくなっているが、ケヴィン・ケリー氏は予測を的中させてきた数少ない未来学者の一人である。氏は1993年、インターネットの黎明期に立ち上がったテックカルチャー・メディア『WIRED』の創刊編集長を務め、30年もの間、シリコンバレーで生まれるテクノロジーを目の当たりにしてきた。そのテクノロジーに耳を傾けると未来が分かる、というのが氏の思考法である。

　多くの人が、AI（人工知能）によって仕事が奪われるのではないかという危惧を抱いているが、氏によるとそれは杞憂であるという。このインタビューでも語っているように「人間がやるべきではない仕事」を AI にやらせればいいだけで、新しいテクノロジーが出てくれば、それに付随してやるべき仕事が新たに出てくるというわけだ。

　一昔前の SF 映画や SF 小説に出てきたような世界が現実になるのはよくあることだが、いかなるテクノロジーももろ刃の剣（double-edged sword）である。その最たる例がインタビューでも出てくる「テクノロジーの兵器化」であろう。2022年2月のロシアによるウクライナ侵攻に端を発する軍事衝突でも、ドローンが兵器として使用されており、自律型兵器がさらに発達すれば、人を殺害することは一層簡単になる。

　ところで、氏と私に共通するのは、楽観主義である。コップに水が半分入っているときに、それを「半分しか残っていない」（half empty）と見るのではなく、「まだ半分も残っている」（half full）と見るのが楽観主義だ。同じ状況でもそれをどう見るかによって、待ち構えている未来が変わるのである。

大野和基（国際ジャーナリスト）

BEFORE LISTENING 聞く前に

事前に音声の特徴や、リスニングのポイントを確認しておくと、聞き取りやすくなります。

INFORMATION 音声の特徴

形式：1対1のインタビュー　難易度：level 3 ★★★★★　速さ：標準

話し方・特徴
抑揚が顕著で、聴き手の注意を引き付ける。タイミングよく適切な長さの間を空けることで意味の切れ目を明確にしている。巧みに強弱を付け、要点を伝えている。

📖 CONTEXT インタビューの背景

　ケヴィン・ケリー氏はアメリカ出身の未来学者で、テックカルチャー・メディア『WIRED』の創刊編集長です。現在は、『ニューヨーク・タイムズ』紙や『サイエンス』誌などに寄稿する他、さまざまな工具、ソフトウエア、アイデアなどを紹介するウェブサイト「Cool Tools」を運営しています。

　今回取り上げたのは、ケリー氏の著書、『5000日後の世界　全てがAIと接続された「ミラーワールド」が訪れる』を編集した国際ジャーナリストの大野和基氏によるインタビューです。

　今後、持てる者と持たざる者の間でテクノロジー格差が拡大していくのか、AIは本当に人間の職を奪うのか、自律型兵器の問題点など、最新テクノロジーと未来への展望に関するケリー氏の見解を尋ねています。

🔑 KEY WORDS 理解のためのキーワード

human augmentation
人間拡張

「人間強化」とも訳される。人間の能力をテクノロジーによって増強・拡張させる技術。既に実用化されている技術も多く、パワーアシストスーツなどの「身体拡張」、VRゴーグルなどの「知覚拡張」、遠隔操作ロボットなどの「存在拡張」の3つに分類される。

brain-computer interface
ブレーン・コンピューター・
インターフェース

略称BCI。人間の脳と外部機器をつなげて人間の能力を高めたり、活動を補助したりするための技術。身体まひ者が思考を使って補助器具を操作できるようにすることを目的として、開発が進められた。

autonomous weapon
自律型兵器

自律型（致死）兵器システム（LAWS: Lethal Autonomous Weapons Systems）は人工知能（AI）を搭載し、人間の関与なしに自律的に標的を判断する致死性のある兵器のこと。安全保障、人道の観点から、国際社会において対処の必要性が指摘されている。

▶ NOW LISTEN!

Thank You, Rich People   🔊 019

EJ: As we see technology advancing in its ❶complexity, will we be seeing a growing gap between ❷the haves and the have-nots in how to ❸make use of it all?

Kevin Kelly: Yes. I think, in the beginning, there are differences, but the way I like to think about it is not between the haves and the have-nots but between the haves and ❹the have-laters.

EJ: I see, ha-ha. I see.

Kelly: OK? Everybody's going to ❺get to it. The rich get it very early when it doesn't ❻work very much. It's very expensive in the beginning, it's very confusing in the beginning, it may not work very well in the beginning, and they pay a lot of money for it. But after they pay for it, they ❼subsidize it becoming cheaper, and it becomes easier to use, more ❽prevalent and better.

お金持ちの皆さん、ありがとう

EJ：テクノロジーがどんどん複雑になっていく中、それら全てをいかに活用するかという点で、持てる者と持たざる者の間で格差が広がっていくのを目の当たりにすることになるのでしょうか？

ケヴィン・ケリー：はい。最初こそ違いがあると思いますが、私は持てる者と持たざる者ではなく、持てる者と後から持つ者の違い、というふうに考えたいと思っています。

EJ：そうなんですね、ハハハ。なるほど。

ケリー：いいですか？　誰もがいずれはそこに到達します。お金持ちの人は、あまりうまく機能しないとても早い段階で手に入れます。最初は非常に高価で、最初は非常に分かりづらくて、最初はあまりうまく機能しないかもしれないけれど、彼らはそれに大金を払います。しかし、彼らがお金を払うと、その価格が下がる手助けをすることになり、より使いやすくなり、より広く行き渡り、より良いものになっていきます。

---

❶ **complexity** 複雑さ

❷ **the haves and the have-nots** 持てる者と持たざる者

❸ **make use of ~** ～を活用する、～を利用する

❹ **the have-laters** 後から持つ者、遅れて持つ者 ★the haves and the have-notsをもじって言っている。

❺ **get to ~** ～に達する

❻ **work** 正常に機能する

❼ **subsidize** （助成金を出して）～を支援する、～を援助する

❽ **prevalent** 広く行き渡っている、広まっている

So, the rich and the ❶early adopters, they ❷fund, they subsidize the technology for everybody. And we see that that ❸adoption rate is increasing ❹over time. We can just see how when something is introduced to when most people get it, it goes faster and faster. So it is a difference, but it's ❺compressing and it's good because you have the rich who are funding the development to make it really easy to use for everybody.

EJ: So, ❻in that sense, we have to ❼be grateful for the rich.

Kelly: Yes, ❽absolutely.

Will AI ❾take away our jobs? 🔊 020

EJ: Some people are worried that ❿artificial intelligence will ⓫end up taking away jobs. What's your ⓬take on this?

Kelly: ⓭So far, we've seen no evidence of that. No evidence of any kind of ⓮automation decreasing employment. Everywhere we've looked, including with AI, we see the

---

ですから、お金持ちや初期の利用者、彼らがみんなのために資金を出してそのテクノロジーを支援するのです。そしてその普及率が時間とともに上昇していくのを、私たちは目の当たりにします。何かが紹介されてから、ほとんどの人がそれを手にするまでの間が、どんどん早くなっていくのが分かります。ですから差はありますがその差は縮んでいますし、誰にとっても本当に使いやすくするための開発に資金を提供しているお金持ちがいるのだから、それは良いことだと思います。

EJ： では、そういう意味では、お金持ちには感謝しなければなりませんね。

ケリー： はい、そのとおりです。

AI は人間の仕事を奪う？

EJ： 人工知能が仕事を奪ってしまうことになるのではないかと心配する人がいます。これについてはどう思われますか？

ケリー： 今のところ、そのような証拠は何も目にしていません。何かが自動化されたことによって雇用が減少したという証拠はありません。AIを含めどこをとって見ても、自動化によって仕事が置き換わっ

---

❶ **early adopter** 早期導入者、新し物好き ★adopterは「利用者、採用者」の意。

❷ **fund** ～に資金を出す、～に出資する

❸ **adoption rate** 普及率、採用率

❹ **over time** 時間とともに、そのうち

❺ **compress** 縮む

❻ **in that sense** その意味では

❼ **be grateful for ~** ～に感謝している

❽ **absolutely** もちろん、おっしゃるとおり

❾ **take away ~** ～を取り上げる、～を奪い去る

❿ **artificial intelligence** 人工知能、AI

⓫ **end up doing** 結局～する

⓬ **take on ~** ～についての見解、～についての見方

⓭ **so far** 今のところ

⓮ **automation** 自動化、オートメーション

⓯ **task** タスク、割り当て作業、仕事

automation shifting jobs, changing the [15]tasks that people do within a job, but we don't see any [16]loss of jobs.

Right now, in America, even though there's AI coming, we can't find enough workers. So, I think it's a fear brought by [17]Hollywood and our own [18]imaginations, but when we look at the evidence, we don't see it.

There are reasons why I think we don't see it — the simplest being that while some tasks are [19]eliminated from humans, most of the taks[tasks] that are eliminated are tasks that humans don't really wanna do. They're jobs that we should not be doing. And it's really good that they go to AIs, and that [20]liberates the human to do something else. And that's usually what happens. And it's often a job that has different tasks, and some of those tasks go to AI and the other tasks are what humans do more of. So, maybe in that one particular one that you need [21]less people, but we have other jobs that we want done that are invented by new technologies, by automation and AI, so the [22]net gain is positive.

たり、ある仕事の中で人が行う作業が変わったりというのは見てきましたが、仕事がなくなったということはありません。

今アメリカでは、AIが登場してきているにもかかわらず労働者は不足しています。ですから、それはハリウッド映画や私たち自身の想像力によってもたらされた心配事だと思います。だけどそうした（不安の）証拠を調べても、目にすることはないのです。

なぜ目にすることがないと思うのか、理由は幾つかあって——最もシンプルな理由は、確かに人から排除されている仕事はありますが、排除されている仕事のほとんどは人があまりやりたくないものであるということです。人がやるべきではない仕事なのです。だからそれがAIに引き継がれるのはとても良いことで、それによって人は解放され、他のことができるようになります。大抵はそうなっています。それはほとんどの場合、さまざまな作業がある仕事で、それらの作業の一部がAIに任せられ、人はそれ以外の作業をより多く行うようになります。ですから、ある特定の作業では必要な人の数が減るかもしれませんが、新しいテクノロジー、自動化やAIによって生み出された、私たちがやりたい他の仕事があるので、正味の利益としてはプラスになるのです。

---

[16] **loss of a job** 失業、仕事の損失

[17] **Hollywood** ハリウッド ★アメリカ西海岸、ロサンゼルスの地区。ハリウッド映画、映画業界を指すこともある。

[18] **imagination** 想像力、空想

[19] **eliminate A from B** AをBから除外する、AをBから取り除く

[20] **liberate** 〜を解放する

[21] **less** ★ここでは文法的にはfewerが正しいが、最近ではlessが使われることも多い。

[22] **net gain** 正味の利益、純益、ネットゲイン

The Future Is **❶**Nigh 🔊 **021**

EJ: Have there been any new developments **❷**in the field of **❸**human augmentation or **❹**cybernetics that you find **❺**noteworthy?

Kelly: Yeah. I would say one thing is that I'd been very **❻**dubious, very **❼**skeptical, of the idea of having **❽**brain-computer interface — something where you could control a computer with your mind. I thought that was possible but in the very, very, very long future. But recently, with the demos of the **❾**Neuralink and **❿**Mary Jo[Lou] Jepsen's Ocean [**⓫**Openwater], I believe that that's a lot closer than I thought. So, there are **⓬**laboratory demonstrations of being able to go directly from the brain to a **⓭**digital interface. And it's very, very **⓮**powerful. And I think it's still maybe decades away — y'know, say, 25 years away — but before that, I thought it was **⓯**hundreds and hundreds of years away.

未来は近い

EJ:人間拡張や人工頭脳学の分野で、注目に値すると思う新しい進展はありましたか?

ケリー:はい。一つ言えるのは、私はブレーン・コンピューター・インターフェースを持つという考えに、以前は非常に疑問を持ち、かなり懐疑的でした——それは自分の意識でコンピューターを操作するというものです。可能だとしても、ずっと、ずっと、ずっと遠い未来の話だと思っていました。しかし最近、ニューラリンクやメアリー・ルー・ジェプセンのオープンウォーターのデモンストレーションを見て、私が思っていたよりもずっと近いところにあると考えるようになりました。脳からデジタル・インターフェースに直接アクセスできる実験室レベルでのデモンストレーションが行われています。そしてこれは、とても、とても、説得力のあるものです。まだ何十年も先のことだと思います——そうですね、例えば25年くらい先の——ですが以前は、もっとずっと先のことだと思っていました。

---

❶ nigh 近い、近くにある ★=near。

❷ in the field of ~ 〜の分野において

❸ human augmentation 人間拡張、人間強化 ★➡p.64のKEY WORDS参照。

❹ cybernetics 人工頭脳学、サイバネティックス

❺ noteworthy 注目に値する、特筆すべき

❻ dubious 疑わしく思う、半信半疑の

❼ skeptical 懐疑的な、疑い深い

❽ brain-computer interface ブレーン・コンピューター・インターフェース、BCI ★➡p.64のKEY WORDS参照。

❾ Neuralink ニューラリンク ★アメリカの

電気自動車企業テスラのCEOであるイーロン・マスク氏(1971-)が2016年に設立したベンチャー企業。ブレーン・コンピューター・インターフェースを開発している。

❿ Mary Lou Jepsen メアリー・ルー・ジェプセン ★(1965-)。アメリカの発明家、最先端デジタルディスプレーの専門家。

⓫ Openwater オープンウォーター ★ジェプセン氏が2016年に創業したベンチャー企業。

And one of the technologies that is being used is very interesting, which is that, basically, it ⑯turns out that your skull is ⑰transparent in the ⑱near-infrared wavelength, so light can actually go through your skull. And if you make a cap of ⑲LED lights at the right wavelength, it can actually ⑳illuminate inside your brain, and that can come, ㉑bounce back. So they can actually take a ㉒3-D picture of your brain in real time just by wearing a cap. And once they can do that, that allows them to track, in three dimensions, ㉓neurons.

そして使われているテクノロジーの一つが非常に興味深いもので、基本的に、人間の頭蓋骨は近赤外線波長を透過させることが分かっており、つまり光は頭蓋骨を実際に通り抜けることができるのです。そこで、適切な波長のLEDライトを出すキャップを作ると、実際に脳内を照らすことができて、それが跳ね返ってくるのです。ですからキャップをかぶるだけで、実際に脳の3D画像をリアルタイムで撮影することができるのです。これが可能になれば、神経細胞を3次元的に追跡することができます。

⑫ **laboratory** 実験室、研究所

⑬ **digital interface** デジタル・インターフェース ★あるフォーマットのデジタルデータを、装置の間でやりとりするための接続器。

⑭ **powerful** 説得力のある

⑮ **hundreds and hundreds of ~** 多数の~、ものすごい数の~

⑯ **turn out ~** ~ということが分かる

⑰ **transparent** （物が電磁波を）通す、通過させる

⑱ **near-infrared wavelength** 近赤外線波長 ★赤外線カメラや家電用のリモコンなどに応用されている電磁波。X線ほどではないが、生体組織を透過する。

⑲ **LED** 発光ダイオード ★＝light-emitting diode。emitは「~（光やエネルギーなど）を放つ」の意。

⑳ **illuminate** ~に光を当てる

㉑ **bounce back** 跳ね返る

㉒ **3-D** 3次元の、立体感のある ★＝three-dimensional。3行下のdimensionは「次元」の意。

㉓ **neuron** ニューロン、神経単位

And with that, they can then begin to ①correlate what you're thinking, maybe what you're dreaming, and use that to both read and write. So that makes it a lot more ②feasible. So I would say there are laboratory experiments now with brain-computer interface that are going faster than I expected, even though they'll, still may take many decades to happen.

EJ: Mm. So it has the potential to make you much smarter than you are.

Kelly: No, it's not much smarter. It's potential to do ③telepathy, for us to communicate with each other with thinking. It has an ability to treat ④mental illness because we can do a ⑤map of the brain in real time without having to go to a hospital and lay[lie] in the machine. It's a way to ⑥inspect the brain. It's a way to, people who are ⑦quadriplegic, to control and maybe talk. It's a way to do telepathy and think.

それがあれば、あなたが考えていることや、もしかしたら夢見ていることの相互関係を示せるようになっていき、それを使って読み書きができるようになるでしょう。それがあれば、それが実現する可能性はずっと高くなりますね。つまり、現在実験室で行われているブレーン・コンピューター・インターフェースの実験は私が予想していたよりも早く進んでいると言えます、実現するまでにはまだ何十年もかかるでしょうが。

EJ：なるほど。そうすると、今の自分よりももっと賢くなれる可能性を秘めているということですね。

ケリー：いや、それほど賢くなるというわけではありません。テレパシーをする、考えることでお互いにコミュニケーションを取り合えるようになる、という可能性を秘めているということです。病院に行って機械の中に横たわらなくても、リアルタイムで脳の地図を作ることができるので、精神疾患を治療することができます。脳を検査する手段なのです。それは、四肢まひの人が操作する手段になりますし、話すこともできるかもしれません。テレパシーをしたり、考えたりする手段になるのです。

---

❶ correlate ～の相互関係を示す

❷ feasible 実現可能な

❸ telepathy テレパシー、精神感応 ★ 言語や身ぶりなどを用いず、思っていることが他人に伝わること。

❹ mental illness 精神疾患、心の病

❺ map of the brain 人間の脳の立体地図

❻ inspect ～を検査する、～を調査する

❼ quadriplegic 四肢まひの

❽ weaponize ～を兵器化する、～を武器化する

❾ ethic 倫理、道徳

❿ keep up with ~ ～と歩調を合わせる、～に遅れずに付いていく

⓫ emerging 新たに出現した

⓬ autonomous weapon 自律型兵器 ★➡ p. 64のKEY WORDS参照。

⓭ inevitable 避けられない、免れない

⓮ outlaw ～を不法とする、～を法的に禁

The ❽Weaponizing of Technology

EJ: Are you worried that laws and ❾ethics will not be able to ❿keep up with the constantly ⓫emerging technologies, such as ⓬autonomous weapons?

Kelly: Yeah, autonomous weapons is a very serious concern. I think weaponizing technology is ⓭inevitable and very hard to control, but it's possible. So, we have agreements already for ⓮outlawing ⓯biological weapons, ⓰chemical warfare, ⓱nuclear weapons, so we can, ⓲in theory, outlaw autonomous weapons. But it's not certain that we should. So, I ⓳hold out the possibility that by enabling, you know, robots, ⓴let's say, to kill, that we would understand that we shouldn't let humans kill either.

テクノロジーの兵器化

EJ: 例えば自律型兵器など、次々と登場するテクノロジーに法律や倫理が追いつけなくなるのではないかという心配はしていますか?

ケリー: ええ、自律型兵器は非常に深刻な問題です。テクノロジーの兵器化は避けられないし、制御するのは非常に難しいと思いますが、可能性はあります。つまり、生物兵器、化学戦争、核兵器を違法とする協定は既に結ばれているので、理論上は自律型兵器を違法とすることはできます。しかし、そうすべきかどうかは確かではありません。私は、例えばロボットに人を殺せるようにすることで、人間にも人を殺させてはいけないことが理解できるようになる、そういう可能性があるのではないかと考えています。

止する

⓯**biological weapon** 生物兵器、細菌兵器

⓰**chemical warfare** 化学戦争

⓱**nuclear weapon** 核兵器

⓲**in theory** 理論的には、理屈の上では

⓳**hold out the possibility that . . .** ……の可能性があると思う

⓴**let's say** 例えば、言ってみれば

OK, what is worse? Is it worse to have a robot kill a human or is it worse to have a human kill a human? I think it's worse to have a human kill a human. I think the damage, the ❶psychological damage it does to a human is much more ❷severe than the risk of having a robot kill a human. And so, the problem, I think, is not the fact that we would have robot ❸killers; is that we would allow, ❹in any way, human killers, human war. So, I think, in this case, it's a very, very ❺tricky thing, um . . . I don't, we don't want a lot of robot killers, but I don't want human soldiers either. So, I think it's going to be a very tricky thing to ❻figure out.

I think banning them, I think absolutely banning, saying it is not, it's not possible because the ❼definition of ❽autonomy is very, very ❾slippery itself. So, I think we will ❿tolerate them ⓫in some degrees of having ⓬instances, but I'm hoping that those examples and those ⓭times will force us to ⓮re-examine our ⓯endorsement of war or our toleration of war of any sort.

さて、どちらの方が悪いことなんでしょう？　ロボットに人間を殺させる方が悪いのか、それとも人間に人間を殺させる方が悪いのか？　私は、人間に人間を殺させる方が悪いと思います。ロボットに人間を殺させることのリスクよりも、人間が受けるダメージ、心理的ダメージの方が、はるかに深刻だと思います。ですから問題は、私が思うに、殺人ロボットが存在することではなく、いかなる方法であっても、人間が人間を殺すこと、人間同士の戦争を許容することが問題なのです。ですからこの件については、とてつもなく厄介なことだと思います、その……。私は、私たちは、多くの殺人ロボットは欲しくありませんが、人間の兵士も欲しくありません。だから、この問題の答えを見つけ出すのは、非常に厄介なことだと思います。

それらを禁止すること、完全に禁止すること、駄目だと言うことは難しいと思いますね、なぜなら自律性の定義は、それ自体が非常に曖昧なものですから。そのような事例があることを、私たちはある程度容認するだろうとは思いますが、そのような例やそのような状況をきっかけに、戦争を支持したり、どのような種類であれ、戦争を容認したりすることを、私たちが見直すきっかけになることを願っています。

---

❶ **psychological damage** 心理的ダメージ、精神的損傷

❷ **severe** 深刻な、重大な

❸ **killer** 殺人者

❹ **in any way** どんな方法であっても、形はどうあれ

❺ **tricky** 厄介な、やりにくい

❻ **figure out ~** ～（答え）を見つけ出す

❼ **definition** 定義

❽ **autonomy** 自律性、自主性

❾ **slippery** 曖昧な、不安定な

❿ **tolerate** ～を許容する、～を容認する ★3行下のtolerationは名詞で「忍耐、容認」の意。

⓫ **in some degree** ある程度

⓬ **instance** 例、実例

⓭ **times** 状況、時代 ★この意味では通例、複数形。

⓮ **re-examine** ～を見直す、～を再検討する

⓯ **endorsement** 支持、容認

A Hollywood Problem 🔊 023

EJ: Do you think the [16]advancement of [17]virtual reality will [18]result in some humans becoming even further [19]detached from the real world?

Kelly: Yeah, again, that is a common worry — very much part of Hollywood movies. But we don't see that very much in real life. [20]Occasionally, there are people, you know, "otaku" types, who seem to not want to leave their room or, you know, [21]be immersed in it, but the evidence, again, so far is not very [22]supportive that this is a real problem.

People get tired of being online, the mask hurts, whatever it is. They get bored. So, we could imagine maybe a world that's so amazing that somebody wants to stay in it, but so far we have not made anything like that. So, it's possible. It could be a problem for some few people, but I don't believe . . . [23]First of all, it's not a problem at all right now, and I don't think it's gonna be much of a problem in the future because reality is just so much better.

Interviewed by Kazumoto Ohno

ハリウッド的な問題

EJ：バーチャル・リアリティーの進化によって、一部の人間がさらに現実世界から孤立していくと思いますか？

ケリー：ええ、またしても、これはよくある心配事で——ハリウッド映画によくあるものです。しかし、現実の世界ではあまり見ません。時折、「オタク」タイプの人もいて、部屋から出たがらなかったりそれに没頭していたりするかもしれませんが、これに関する証拠も、これまでのところ現実的な問題であることを確実に裏付けるものではありません。

　人々はオンライン生活にうんざりしてきます、（バーチャル・リアリティーの）マスクが痛いであれ、なんであれ。人々は飽きるのです。誰かがそこにいたいと思うほど大変素晴らしい世界を想像することはできるかもしれませんが、今のところ、そのようなものは作れていません。ですから（問題になる）可能性はありますよ。ごく少数の人にとっては問題になるかもしれませんが、私は信じていません……。第一に、今は全く問題になっていませんし、将来的にもあまり問題にならないと思います、現実の方がはるかに優れているからです。　（訳：春日聡子）

---

[16] **advancement**　進歩、発展

[17] **virtual reality**　バーチャル・リアリティー、仮想現実、VR

[18] **result in ~**　~をもたらす、~につながる

[19] **detached**　孤立した、離れた

[20] **occasionally**　時々、たまには

[21] **be immersed in ~**　~に没頭している、~にどっぷり漬かっている

[22] **supportive**　裏付けとなる、支持する

[23] **first of all**　第一に

AFTER LISTENING 聞いた後に

内容理解クイズで、どれくらい聞き取れたかを確認します。
次にディクテーションとシャドーイングに取り組み、リスニング力とスピーキング力を鍛えましょう。

❓ TRUE/FALSE REVIEW 内容理解クイズ

インタビューの内容と合っていればT（True）を、違っていればF（False）を選んでください。間違っていたら、解答と日本語訳をしっかり確認しましょう。

［解答と日本語訳］p. 75

1 According to Kevin Kelly, early adopters of technology get better quality products for their money.

［ T ／ F ］

2 According to Kelly, using the brain to control computers is still hundreds of years away.

［ T ／ F ］

3 Kelly says that a human killing a human is worse than a robot killing a human.

［ T ／ F ］

4 According to Kelly, future virtual worlds are likely to seem even better than real life.

［ T ／ F ］

SPECIAL SPEECH

INTERVIEW PLAYBACK 1

INTERVIEW PLAYBACK 2

INTERVIEW PLAYBACK 3

INTERVIEW PLAYBACK 4

SPOTLIGHT NEWS

✏ DICTATION ディクテーション

🔊 **024**

音声を聞き、下の欄に書き取りましょう。手順はp. 5参照。

[解答] p. 66、下から2行目～p. 67、3行目

Everywhere

loss of jobs.

DICTATION > 冒頭の we've のように、簡単な語の並びであっても話すスピードや、音声変化が要因となり、聞き取りにくい
GUIDE ことは多々あります。そういう場合でも、文法・文構造の知識を瞬時に働かせて不明な部分を推測する練習を
しましょう。このトップダウン処理が無意識にできるようになることが、ディクテーション訓練の一つの目標
です。

TRUE/FALSE REVIEW 解答と日本語訳

1 False
ケヴィン・ケリーによると、テクノロジーの初期の利用者はお金を払う代わりにより良い質の製品を受け取る。[該当箇所] TRACK 019

2 False
ケリーによると、脳を使ってコンピューターを操作することは、まだ何百年も先のことだ。[該当箇所] TRACK 021

3 True
ケリーは、人間が人間を殺すことは、ロボットが人間を殺すことよりも悪いことだと言っている。[該当箇所] TRACK 022

4 False
ケリーによると、未来のバーチャル世界は現実世界よりも一層良いものになりそうだ。[該当箇所] TRACK 023

次の部分をシャドーイングして、聞き取る力と同時に話す力も鍛えましょう。
手順はp. 5 参照。

[抜粋箇所] p. 67、下から5行目〜最終行

So, maybe in that one particular one that you need less people, but we have other jobs that we want done that are invented by new technologies, by automation and AI, so the net gain is positive.

SHADOWING ›
GUIDE

冒頭の in that one particular one が速く、追いかけるのが少し難しいかもしれませんが、残りはうまく模倣できると思います。アメリカ英語らしく、jobs と、possible の母音を引き延ばすように発音しています。これらの母音の響きは聞き取りの際に目立ちやすく、したがって手掛かりとしやすいため、活用してみましょう。

難易度
level 4
★★★★★

🔊 026

INTERVIEW PLAYBACK 2

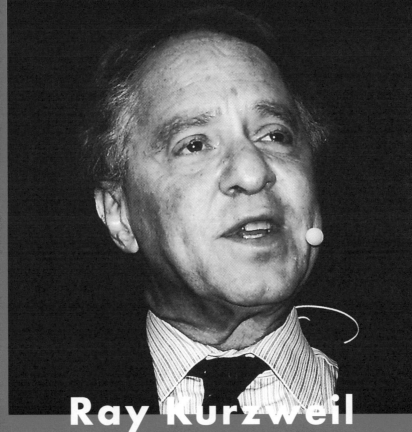

Ray Kurzweil
レイ・カーツワイル
発明家、思想家、未来学者

DATA
取材日：2016年9月28日
インタビュアー：大野和基
掲載号：2017年4月号

2045年にはAIが人間の能力を超えるなどと聞くと、不安になる方もいるでしょう。しかし過剰に反応することなく、科学の進歩を冷静に受け入れていくためには、レイ・カーツワイル氏のような人物の考えに耳を傾けることは大切です。

Ray Kurzweil
レイ・カーツワイル
（発明家、思想家、未来学者）

1948年2月12日、アメリカ、ニューヨーク州生まれ。
'70年、マサチューセッツ工科大学でコンピューターサ
イエンスの学位を取得。'74年、カーツワイル・コン
ピューター・プロダクツ社を設立。文字認識ソフト、
シンセサイザーなど、数々の発明を世に送り出した。
著書に『スピリチュアル・マシーン――コンピュータに
魂が宿るとき』（翔泳社）、『シンギュラリティは近い
――人類が生命を超越するとき』（NHK出版）など。

2029年、
コンピューターは人知の領域に追い付く

 写真：大野和基（p. 77）、Gregory Halpern/Magnum Photos/ アフロ（p. 78）

Technology is a double-edged sword. Every technology's had its positive and negative applications.

──科学技術というのは、もろ刃の剣です。あらゆる科学技術は良い形でも悪い形でも利用されてきました

『シンギュラリティは近い──
人類が生命を超越するとき
［エッセンス版］』

レイ・カーツワイル 著／NHK出版 編／
NHK出版／1500円＋税
2045年、人工知能が人類の知能を上回る「シンギュラリティ（技術的特異点）」が到来──そう予見するカーツワイルの原著*The Singularity Is Near: When Humans Transcend Biology*の、邦訳のエッセンス版。

レイ・カーツワイル＝シンギュラリティと言っても過言ではないほど、この公式は定着した。2045年にシンギュラリティが起こるという予測に対して、それは wishful thinking（希望的観測）であると批判する人もいるが、技術進歩が指数関数的に起きていることは実証されており、その点から見ると彼の主張が現実味を帯びていることは確かである。このインタビューでも言っているように、「身一つで摩天楼を作る」ことはできない。そこには「筋肉の延長としての機械」がある。この発想が基本にあり、それを脳に適用すると、脳がニューラル・インターフェイスを通してクラウド・ベースの AI に接続される。脳の能力が爆発的に拡大することは夢物語ではない。

実際 DeepMind の AI リサーチラボのシムズ・ウィザースプーン氏は、地球の刻々と変化するエコシステムをより正確に予測してカーボンフリー・エネルギーの供給を作り出すのに必要なブレークスルーを加速化させる上で、ニューラル・ネットワークがどれほどパワフルであるか、つい最近 TED Talk で説明している。

バイオテクノロジーの発展、特にナノテクノロジーの分野がヘルスケアに及ぼす影響は想像を絶するほどである。今まで不治と言われていた病気も治る可能性が出てくる。ナノテクノロジーは分子レベル、原子レベルで操作できるからだ。

カーツワイル氏の予測どおり2045年にシンギュラリティが起こると、人類の生活は不可逆的に一変する。AI はすでに戦争に使われているが、もろ刃の剣であることは言うまでもない。だから AI 倫理が開発と同じくらい重要なのである。

大野和基（国際ジャーナリスト）

BEFORE LISTENING 聞く前に

事前に音声の特徴や、リスニングのポイントを確認しておくと、聞き取りやすくなります。

INFORMATION 音声の特徴

形式：1対1のインタビュー　難易度：level 4 ★★★★★　速さ：やや速い

話し方・特徴
抑揚は控えめで落ち着いた口調。話し始めは比較的ゆっくりだが、語りに熱が入ると徐々にスピードが速くなくなる箇所が増えていく。

📖 CONTEXT インタビューの背景

　このインタビューはあるイベントでの基調講演の際に、聴衆を前にして行われたものです。レイ・カーツワイル氏は会場に集まった人々を前に、インタビュアーが投げ掛けるさまざまな質問に、ひとつひとつ丁寧に答えています。その中で氏は、AIをはじめとする科学技術の素晴らしさを説くだけではなく、それを利用する人間の能力の優位性にもバランスよく触れています。AIが

ますます私たちの生活に入り込んでくることはおそらく紛れもない事実でしょう。そうである以上、不要な心配や憶測に走らず、こうした専門家の知見を真摯に受け止めて、自分たちの生活をより便利に豊かにしていく考え方が、求められているのかもしれません。

🔑 KEY WORDS 理解のためのキーワード

AlphaGo
アルファ碁

グーグル社が、傘下の人工知能開発ベンチャー「DeepMind」と開発したコンピューター囲碁プログラム。2015年10月に、史上初めて、人間のプロ棋士を破った。

ERP（＝ Enterprise Resource Planning）
エンタープライズ・リソース・プランニング

「統合基幹業務システム」とも訳される。企業の持つ、人、資金、情報などの資源を、統合的に管理・配分するシステムのこと。

deep neural net
ディープ・ニューラル・ネットワーク

「深層神経網」とも訳される。ニューラル・ネットワークとは、人間の情報処理の中枢を担う脳神経系を模倣したアルゴリズムの一式で、コンピューターに学習能力を持たせて問題を解く方法。neural は「神経（系）」の意。

▶ NOW LISTEN!

❶Smarter and Smarter　　🔊 027

EJ: In your book ❷*The* ❸*Singularity Is Near*, you ❹predicted that the singularity would happen in 2045. Do things such as ❺AlphaGo's victories and the development of ❻self-driving cars suggest that it could happen even sooner?

Ray Kurzweil: It certainly seems that way, but it's really ❼right on course. 1981, I had ❽these graphs and I ❾projected it out to 2050 — we're now 2016 — it's right where it should be.

加速する進化

EJ：ご著書、『シンギュラリティは近い』の中で、シンギュラリティが2045年に起こると予測されています。アルファ碁の勝利や、自動運転車の進歩のような事柄は、その時期がさらに早まる可能性を示唆しているのでしょうか？

レイ・カーツワイル：確かにその様相を呈していますが、まさに予定どおりの方向に進んでいます。1981年にはこれらのグラフはできており、私は2050年まで予測しました。現在は2016年ですが、順当に来ています。

---

❶ **smart**　賢明な、賢い

❷ ***The Singularity Is Near (: When Humans Transcend Biology)***『シンギュラリティは近い─人類が生命を超越するとき』★技術的特異点（❸参照）は近いと予見した、カーツワイル氏の著書。2005年刊。邦訳は'07年、NHK出版 刊。

❸ **singularity**　シンギュラリティ、特異点★ここでは、人工知能を含むコンピューターの

能力が人間の能力を超える「技術的特異点」のこと。

❹ **predict**　～を予想する、～を予測する

❺ **AlphaGo**　アルファ碁　➡p.80のKEY WORDS参照。

❻ **self-driving car**　自動運転車

❼ **right on course**　まさに予定の方向に

進んで

❽ **these graphs**　★コンピューターの性能の進化と年代との関係を示し、シンギュラリティの時期を予測した両対数グラフ。

❾ **project A out to B**　AをBまで推定する

So, I wrote ❶*The Age of Spiritual Machines* in 1999, I said 2029 computers would ❷match ❸human intelligence. 2005, *The Singularity Is Near* ❹came out. So, certainly, there's been a ❺tremendous amount of evidence just recently — you mentioned AlphaGo and ❻autonomous cars, computers doing ❼image recognition better than humans.

So, I think, actually, the ❽AI field and the ❾general public is much more ❿in accord with my ⓫predictions. When I said 2029, in 1999 people thought it was ⓬crazy. Now people think, uh, it's quite ⓭reasonable.

But I'm ⓮sticking with that date. 2029, computers will match the range of human intelligence. And then we're going to ⓯merge with it in the 2030s. It's not gonna be some f— competing force to compete with us and ⓰displace us. We're going to make ourselves smarter. That's why we create technology. I couldn't reach fruit at that higher branch 1,000 years ago, so we exten—created a tool that extended our ⓱reach.

1999年に『スピリチュアル・マシーン』を書き、2029年にはコンピューターが人知に追い付くと言いました。2005年には『シンギュラリティは近い』が出版されました。間違いなく、近年、膨大な数の証拠が出てきています。今あなたが挙げた、アルファ碁や自動運転車、そして人間より正確に画像を認識するコンピューターなど。

ですから、実際、AI（人工知能）の分野も世間一般も、私の予測と、以前よりずっと合致してきていると思います。私が2029年と予測したとき、つまり1999年には、人々は私が戯言を言っていると思っていました。今では、かなり妥当だと考えられています。

でも、私はこの（2029という）年を主張し続けたいと思っています。2029年、コンピューターが人知の領域に追い付きます。それから2030年代には、人類はコンピューターと融合します。人類と競い合い、取って代わるような競合勢力になるわけではありません。人類がより賢くなるのです。そのための技術革新です。1000年前、人の手は、そこまで高い枝に実る果物に届きませんでした。だから、手が届く範囲を広げるような道具を作ったのです。

---

❶ ***The Age of Spiritual Machines (: When Computers Exceed Human Intelligence)*** 『スピリチュアル・マシーン—コンピュータに魂が宿るとき』★収穫加速の法則をまとまった形で発表した、カーツワイルの著書。1999年刊。邦訳は2001年、翔泳社 刊（再販未定）。

❷ **match** （〜の）好敵手となる、（〜に）匹敵する

❸ **human intelligence** 人知、人の知能

❹ **come out** 出版される

❺ **tremendous** とてつもなく大きい

❻ **autonomous car** 自律走行車

❼ **image recognition** 画像認識

❽ **AI** 人工知能 ★＝artificial intelligence。画一的な定義はなく、研究者や研究機関によって解釈が異なる。

❾ **general public** 一般市民、一般社会

❿ **in accord with ~** 〜と一致して、〜と合致して

⓫ **prediction** 予想、予測

⓬ **crazy** まともでない、常軌を逸した

And our tools, uh, expand our muscles. I mean, who by themselves could create a [18]skyscraper? But we have machines that extend our muscles. And now our machines extend our [19]intellect and our knowledge. We're gonna merge with that technology and make ourselves smarter.

By 2045 we'll expand our intelligence a [20]billionfold. That's such a [21]profound [22]transformation. We borrowed this [23]metaphor from [24]physics and call it a [25]singular transformation, a singularity, but it's just gonna be a [26]continuation of the human [27]civilization, which is already a human technological civilization expanding its [28]capabilities.

そして私たちの道具は、自分たちの筋肉を拡張するものです。だって、身一つで摩天楼を作ることができる人間がいますか? でも、私たちには、筋肉の延長としての機械があります。そして今や、機械は私たちの知力を高め、知識を広げます。私たちはその技術と融合し、より賢くなるのです。

2045年までに、人類の知力は10億倍まで拡張されているでしょう。それは極めて深い意味を持つ変化です。私たちは物理学から隠喩を拝借して、特異な変革、特異点と名付けました。でも、これは、人類文明の継続にすぎないのです。人類文明とはもともと、人類の能力を拡張するという、人類による技術力の文明なのですから。

[13] **reasonable** 妥当な、もっともな

[14] **stick with ~** 〜に固執する、〜を諦めない

[15] **merge with ~** 〜と同化する、〜と融合する

[16] **displace** (〜に) 取って代わる

[17] **reach** 手が届く範囲、力の及ぶ範囲

[18] **skyscraper** 超高層ビル、摩天楼

[19] **intellect** 知性、知力

[20] **billionfold** 10億倍

[21] **profound** 深い、深遠な、重大な

[22] **transformation** (根本的な) 変化、変容、転換

[23] **metaphor** 隠喩、メタファー

[24] **physics** 物理学

[25] **singular** 特異な

[26] **continuation** 継続、連続

[27] **civilization** 文明

[28] **capability** 能力

Revolutions 🔊 028

EJ: What technologies will define the future?

Kurzweil: There are these three ❶overlapping revolutions that sometimes ❷go by the letters G, N, R. G ❸stands for ❹genetics. That's the ❺biotechnology revolution ❻I talked about, taking this old, ❼outdated software that ❽evolution created tens of thousands of years ago and updating it.

And we're actually doing that already. ❾I'm involved with a company where we add a ❿gene to people who are missing a gene that causes a ⓫terminal disease and that's actually cured this disease. We're growing human ⓬organs, actually using ⓭3-D printers and ⓮modified ⓯stem cells to create ⓰kidneys and hearts and ⓱lungs, putting them successfully in ⓲primates. This'll be ⓳coming to a human near you soon. So that's G. That revolution is already ⓴underway.

革命が進行中

EJ：未来を決定づけるのは、どのような技術なのでしょうか？

カーツワイル：3つの部分的に重なり合う革命がありまして、G、N、Rという文字で表されることがあります。Gは遺伝学を表します。それは（先ほど）お話ししたバイオテクノロジー革命であり、何万年も前に進化が創り出した、この古くて時代遅れのソフトウエア（＝遺伝子）を取り出して、アップデートする、というものです。

そして実際、それはすでに行われています。私が携わっている会社では、ある遺伝子が欠けていることによって不治の疾患が引き起こされている人に、その遺伝子を加え、実際に疾患が治っているのです。私たちは人間の臓器を培養し、実際に、3Dプリンターや加工された幹細胞を使って腎臓や心臓、肺を作りだしており、それらの臓器の、霊長類への移植に成功しています。こうしたことは、皆さんの周りで人間に対しても、近々行われることになるでしょう。ですからそれがGです。その革命は、すでに進行中です。

---

❶ **overlap** 部分的に重なる

❷ **go by ~** ～の名で通っている

❸ **stand for ~** ～を表す

❹ **genetics** 遺伝学

❺ **biotechnology** バイオテクノロジー、生命工学

❻ **I talked about** ★対談の前にカーツワイルの講演が行われた（㉗参照）。

❼ **outdated** 時代遅れの、旧式の

❽ **evolution** 進化

❾ **be involved with ~** ～と関わっている

❿ **gene** 遺伝子

⓫ **terminal disease** 不治の疾患

⓬ **organ** 臓器、器官

⓭ **3-D printer** 3次元プリンター、3Dプリンター ★データを基に一層ずつ材料を積層することによって、3次元の造形物を製作する機器。

⓮ **modified** 加工された

⓯ **stem cell** 幹細胞

The next revolution'll be [21]nanotechnology. It's beginning. We're applying it to [22]solar panels. Not yet being used in medicine, but I think by the late 2020s we'll begin to do that. By the 2030s we'll actually have an [23]extension to our [24]immune system. So rather than just having our natural [25]T cells, we'll have these robotic T cells. But unlike our natural ones, they will [26]go against all disease. And that's the, as I mentioned, [27]the third bridge to radical life extension.

次の革命は、ナノテクノロジーです。すでに始まっています。私たちはこれを太陽光パネルに適用しています。医学にはまだ使われていませんが、2020年代後半には、開始すると思います。2030年代までには、私たちは実際に自分たちの免疫システムを拡張しているでしょう。ですから、生来のＴ細胞だけでなく、ロボットのＴ細胞も持つようになります。でも生来のものと違って、これらのロボットのＴ細胞は、あらゆる病気と戦います。そしてそれが、すでに話したとおり、根本的な延命につながる、3番目の橋なのです。

⑯ **kidney** 腎臓

⑰ **lung** 肺

⑱ **primate** 霊長類

⑲ **coming to a human . . .** ★come to a theater near you soon（[映画が] お近くの劇場で近日公開）をもじった表現。

⑳ **underway** 進行中の

㉑ **nanotechnology** ナノテクノロジー ★物質を原子や分子レベルで自在に制御する科学技術。

㉒ **solar panel** 太陽電池パネル

㉓ **extension** 拡張、伸展、延長

㉔ **immune system** 免疫システム

㉕ **T cell** Ｔ細胞、Ｔリンパ球

㉖ **go against ～** ～と対戦する、～に逆らう

㉗ **the third bridge to radical life extension** ★対談の前に行った講演で、人類の生命拡張への４つの橋について語っている。1番目の橋とは、今現在できること。2番目の橋は遺伝子レベルでの生命工学の分野。3番目の橋がこのナノスケールのロボット。4番目の橋が、第2の頭脳をコンピューターのクラウド上に持つという研究。

R stands for robots, but that's really artificial intelligence. That's already underway. We're using that in [1]ERP and lots of other things. Certainly your [2]smartphone is [3]constantly using artificial intelligence to help recommend products and songs, and do search and language translation.

And this is gonna [4]pick up steam. Go is a very good example of . . . Uh, these are [5]fairly narrow applications, but the [6]narrowness is getting broader and broader. Driving a car is actually not so narrow a capability. It's a pretty broad capability. By 2029 it'll have expanded to [7]encompass all of human intelligence.

Ability To Read　🔊 **029**

EJ: What will there be left for humans to do by the time of the singularity?

Kurzweil: Well, one thing to understand [8]with regard to artificial intelligence, while it might not do something as well as humans, it can do it at a much larger scale.

Rはロボットを表しますが、実際には人工知能のことです。それはすでに進行中です。私たちは、ERPをはじめ、さまざまなものに利用しています。もちろん、皆さんがお持ちのスマートフォンは、商品や曲を勧めたり、検索をしたり、翻訳をしたりするのに、常に人工知能を使用しています。

そしてこれは今後さらに加速していくでしょう。（アルファ）碁がいい例で……今挙げたものはかなり限られた分野での適用ですが、この限られた範囲は、どんどん広がってきています。車の運転は、限られた能力ではありません、かなり幅広い能力です。2029年までには、（人工知能が）完全に人知を包含するところまで広がるでしょう。

読む能力について

EJ：シンギュラリティが到来するときまでに、人間ができることとして、何が残されているのですか？

カーツワイル：そうですね、人工知能に関して一つ理解しておかなくてはいけないのが、たとえ人間ほどうまくできないことであっても、それをはるかに大きな規模で行うことができる、ということです。

---

❶ ERP　エンタープライズ・リソース・プランニング、統合基幹業務システム　➡ p.80の KEY WORDS参照。

❷ smartphone　スマートフォン、スマホ

❸ constantly　常に、絶えず

❹ pick up steam　加速する、勢いを増す

❺ fairly　かなり、相当に

❻ narrowness　狭さ

❼ encompass　包含する、網羅する

❽ with regard to ~　～に関しては

❾ the IBM Watson system　★IBM 社が開発した、質問応答・意思決定支援システム。

❿ Jeopardy(!)　ジェパディ(!)、ジョパディ(!) ★アメリカの人気クイズ番組の名称で、答えから質問文を推量するクイズのことを指す。2011年2月、IBMワトソンと人間との対戦が2日間行われ、ワトソンが勝利した。

⓫ go with ~　～と調和する

⓬ query　質問、問い

⓭ tiresome　厄介な、うんざりする

So, consider [9]the IBM Watson system that played [10]Jeopardy. Jeopardy is a game where you get an answer and you have to try to find the question that [11]went with it. And it played the best two human players.

And so, it was given this [12]query: a long, [13]tiresome speech delivered by a [14]frothy pie topping, and Watson correctly responded, "What is a [15]meringue harangue?" It's actually a pretty clever response. The humans didn't get that. And Watson got a higher score than the best humans combined.

And what's not widely [16]appreciated is that Watson was not programmed with all this information by the engineers. It actually just read [17]Wikipedia and several other [18]encyclopedias, 200 million pages of [19]natural language documents.

例えば、ジェパディをやったIBMのワトソン・システムを見てみましょう。ジェパディは、解答を聞いて、それに合う質問文を当てるというゲームです。ワトソンは、人類最強の解答者2人と対戦しました。

その中でこの問題が出されたのです。「泡状のパイのトッピングが発した、長くて冗長なスピーチ」。そしてワトソンは、「メレンゲ・ハレンゲとは何か？」と正答したのです。実際、かなり巧みな返答です。人間は答えることができませんでした。そしてワトソンは、最強の人間2人の点数を合わせたものより、高い点数を出したのです。

そして、これはあまり広く認識されていないことなのですが、ワトソンはこうした情報の全てを、エンジニアによってプログラミングされたわけではありません。実は、ウィキペディアや、ほかの幾つかの百科事典、2億ページにおよぶ自然言語の資料を、ただ読んだだけです。

[14] **frothy pie topping** 泡状のパイのトッピング ★frothyは「泡状の」の意。

[15] **meringue harangue** メレンゲ・ハレンゲ ★メレンゲは卵白を泡立てて作るパイなどのお菓子のトッピング。harangueは「（聴衆にがなり立てる）長い演説、長いお説教」の意。この問題は、2つの関係のない単語、しかも韻を踏む2語を用いて返答しなければいけないという、難易度の高いものだった。

[16] **appreciate** ～を正しく理解する

[17] **Wikipedia** ウィキペディア ★ウィキメディア財団が運営している、無料オンライン百科事典。

[18] **encyclopedia** 百科事典

[19] **natural language** 自然言語

Now it doesn't read them as well as you do. It might read a document and conclude, ah, ❶Barack Obam—there's a 56 percent chance that Barack Obama is president of the United States. Now you could read that document and, if you didn't ❷happen to know that, conclude there's a 98 percent chance. So, you can read that document better than Watson.

So, why is it that Watson could defeat the best players at this human language and knowledge game? Well, it ❸makes up for its ❹weak reading by reading more documents. It read 200 million documents. We can't do that.

Probably read 100,000 documents ❺pertaining to whether or not Obama is president, and it can combine all of these different ❻probabilities, using what's called ❼Bayesian reasoning, so t—❽overall, it can conclude there's a 99.9 percent chance that Obama's president.

So, that's the current ❾state of the art. And the ability to read each page is gonna get gradually better and better. It'll be at human levels by 2029.

ただ、人間と同じ理解度で読めるわけではありません。ワトソンは資料を読んで、なるほど、バラク・オバマだ――バラク・オバマ氏がアメリカ大統領である可能性は56％だ、と結論づけるかもしれません。あなたが同じ資料を読んで、仮にその事実を知らなかったとしても、98％の確率で大統領だろう、という結論を出せるでしょう。つまり人間は、ワトソンよりも資料をよく読むことができるのです。

ではなぜ、ワトソンは、この、人間の言語と知識を問うゲームで、最強の解答者を負かすことができたのでしょうか。読む力の弱さを、より多くの資料を読むことで補うのです。2億点に及ぶ資料を読んだのです。私たちには不可能です。

オバマ氏が大統領かどうかに関連する10万点の資料を読み、「ベイズの推論」と呼ばれる理論を使って、ありとあらゆる可能性を組み合わせ、総合的に、オバマ氏が大統領である確率は99.9％だと、結論づけることができるのです。

それが現在の最先端技術です。そして1ページ1ページを読む能力は、徐々に改良されていきます。2029年までには、人間のレベルになるでしょう。

Learning From Less　🔊 030

Kurzweil: Uh, there's one challenge in AI that I'm, uh, [10]working on. There's a [11]motto in the artificial intelligence world that life begins at a billion examples. So, [12]deep neural nets are very good if you have lots of data. And if you have a billion examples of something, it can do actually a better job than humans. Now, you know, companies like [13]Google, we have a, billions of examples of some things but not of everything.

So, image recognition, we have many billions of examples, and it does a very good job with that. Humans can learn from less information. Your friend or your boss tells you something once or twice, you might actually remember that, at least some humans do. But, uh, computers need to be told a million times, a billion times.

---

[13] **Google (Inc.)** グーグル（社）　★検索エンジン、クラウドコンピューティングをはじめ、インターネット関連のサービスと製品を提供する企業。1998年創業。カーツワイルは現在、グーグル社で人工知能の研究をしている。

より少ない情報から学ぶ

カーツワイル：AIに関して、私が現在取り組んでいる課題が、一つあります。人工知能の世界には、10億の例から生命は始まる、という標語があります。だから、ディープ・ニューラル・ネットワークは、膨大なデータがあれば、非常に優れています。ある事柄に関する例が10億あれば、人間より優れた仕事ができます。さて、グーグルのような会社では、ある種のものに関しては何十億というデータがありますが、全てのものにあるわけではありません。

例えば画像認識に関しては、何十億ものデータを保有しており、その点に関しては非常に優れています。人間は、より少ない情報から学ぶことができます。友人や上司に一度か二度言われれば、実際にそれを覚えていられるかもしれない、少なくともそういう人間はいます。でも、コンピューターは、百万回、十億回と、繰り返し言われる必要があるのです。

So, how can we learn from less information? Maybe just seeing something once and learning from it. That's the biggest challenge right now in the artificial intelligence world. There are ❶a number of ideas on how to do that. The book I showed you, ❷*How to Create a Mind*, has a ❸somewhat different model than deep neural nets. It can use deep neural nets to ❹implement it, but it's a ❺hierarchical model. I believe that that can learn from a smaller am—amount of information. That's the big challenge now in artificial intelligence.

A ❻Double-Edged Sword　　🔊031

EJ: It's common in science fiction to have humans fighting for survival against the ❼all-powerful technology they have created. Is that how you see our future, too?

Kurzweil: There are a lot of movies about the future, and typically they have . . . the AI is not ❽part of us. It's ❾out there as a competitor. And, uh, we think of it possibly being dangerous.

That's not how AI is ❿evolving. Usually it's

では、私たちはどんな方法で、より少ない情報から学ぶことができるのでしょうか。あるものを一度見ただけでも、そこから学ぶことができる。それが現在の人工知能の世界における、最大の課題なのです。それを実現するためのアイデアは、幾つかあります。私がお見せした拙著、*How to Create a Mind* では、ディープ・ニューラル・ネットワークとは少し異なるモデルを紹介しています。遂行にはディープ・ニューラル・ネットワークを用い得ますが、これは階層的なモデルなのです。私はそれによって、より少ない情報で学ぶことができるようになると考えています。それが、現在の人工知能における、大きな課題です。

もろ刃の剣

EJ：SFでは、人類が自ら創り出した全能の科学技術と、生存を懸けて戦う、という構図がしばしば見られます。あなたも、そのような未来を予見されていますか？

カーツワイル：未来に関する映画は数多く作られていて、典型的なのが、AIが私たちの味方ではない、という描き方です。競合相手として存在します。そして人類は、AIが危険なものになる可能性がある、と考えています。

　AIは、そのような形では進化していません。（映

---

❶ **a number of ~**　幾つかの～、複数の～

❷ *How to Create a Mind (: The Secret of Human Thought Revealed)* ★脳の仕組みの解析と人工知能への適用について解説した、カーツワイルの著書。2012年刊。

❸ **somewhat**　少し、若干

❹ **implement**　～を実行する、～を遂行する

❺ **hierarchical**　階層的な　★発音は [hàiərá:rkikəl]。

❻ **double-edged sword**　もろ刃の剣

❼ **all-powerful**　全能の

❽ **part**　（対立する一方の）側、味方

❾ **out there**　世の中に

❿ **evolve**　進化する

⓫ **projection**　予測、見積もり

⓬ **longevity**　長生き、寿命、長寿

⓭ **scope**　範囲、領域

AI versus the humans, and they fight for control of the world. But we, look at AI today. We don't have one or two AIs competing with us. There's several billion AIs. I mean, this is an AI. And there's 2 billion smartphones. The [11]projections are there'll be 5 or 6 billion within a few years. It's very widely distributed. It's already making all of us smarter.

So, these are tools that extend our reach. We're gonna put them inside our bodies and brains. We're gonna make ourselves healthier. We're gonna extend our [12]longevity. We're gonna directly expand the [13]scope of our thinking. We're gonna make ourselves smarter. That's why we create these tools.

画の中では）たいていAI対人類という構図で、両者は世界を支配しようと戦っていますが。でも、現在のAIを見てください。一つ、二つのAIがわれわれと競合しているわけではありません。すでに数十億のAIが存在します。だって、これ（スマホ）もAIです。そして、今や20億台のスマホが存在します。数年以内に、50億、60億になると予測されています。非常に広く流通しています。すでに私たちみんなを、より賢くしているのです。

ですから、これら（AI）は、私たちの手がとどく範囲を広げてくれる道具です。やがて、これを体や脳の中に取り込むことになります。人間は、より健康になり、さらに長寿になるでしょう。思考の対象となる領域を直接、広げます。人類はさらに賢くなります。そのために、これらの道具を作るのです。

❶Having said that, technology is a double-edged sword. Every technology's had its positive and negative applications. Fire kept us warm, cooked our food, but also ❷burned down our houses. We've seen many powerful technologies, uh, emerge ❸over time and have used them for good things and for bad things. I actually think that's the biggest challenge for ❹humanity: How do we, uh, ❺generate the ❻promise of these technologies while controlling the danger and the ❼peril?

The Greatest Challenge in the 21st Centry

🔊 **0 3 2**

One technology that's already very powerful, I mentioned, is biotechnology. And that can be used for good, to ❽reprogram ❾biology away from disease and away from ❿cancer. But the same technology could be used by a ⓫bioterrorist to create a new biological virus that was very ⓬destructive. So how have we done on that? That was recognized more than 30 years ago, and we had a conference called the ⓭Asilomar Conference to ⓮come up with guidelines to keep the

そうはいっても、科学技術というのは、もろ刃の剣です。あらゆる科学技術は良い形でも悪い形でも利用されてきました。火は人類を温め、食べ物を調理しましたが、私たちの家を焼き払いもしました。人類は、時の流れとともに多くの強力な科学技術の出現を目撃し、良いことにも悪いことにも使ってきました。私は実際、それが人類にとって、最も大きな課題だと思っています。われわれはいかにして、危険と危機を制御しながら、こうした科学技術の可能性を引き出すことができるのか。

21世紀最大の課題

すでにものすごく影響力のある科学技術となっているものの一つが、先ほど触れた、バイオテクノロジーです。病気や癌を免れるよう、生物をプログラムし直すという、良いことのために使えます。しかし同じ科学技術が、バイオテロリストによって、極めて破壊的な新しい生物学的ウイルスを作り出すために使われる可能性もあります。われわれは、その側面について、どう対処してきたでしょうか。この点に関しては30年以上前に認識されました。アシロマ会議と呼ばれる会議が開かれ、偶発的な問題からも、意図的な問題からも、科学技術を守るためのガ

---

❶ **having said that** そうはいっても、それでもやはり

❷ **burn down ~** ～を焼き払う

❸ **over time** 時間をかけて、長い歴史を通じて

❹ **humanity** 人類、人間

❺ **generate** ～を生み出す

❻ **promise** （前途の）見込み、有望、明るい見通し

❼ **peril** （差し迫った）危険、危機

❽ **reprogram** （～の）プログラムを作り直す、再構成する

❾ **biology** 生物学、（集合的に）生物、生態

❿ **cancer** 癌

⓫ **bioterrorist** 生物兵器テロリスト

⓬ **destructive** 破壊的な、破壊をもたらす

⓭ **Asilomar Conference** アシロマ会議 ★1975年に、遺伝子組み換え技術に関するガイドラインが議論された会議。アメリカ、カリフォルニア州アシロマで開催された。

technology safe, either from [15]accidental problems or [16]intentional problems.

And so n—today we're getting profound benefit from biotechnology, and that's gonna [17]pick up over the next decade. The number of problems so far, either accidental or intentional, has been zero. Now that doesn't mean, OK, we can [18]cross that off our, you know, worry list, we [19]took care of that one. The technology keeps getting more [20]sophisticated, we keep having to [21]reinvent the guidelines. But it can give us confidence that we can [22]deal with the peril.

But we have a [23]moral imperative to keep advancing these technologies. But we do need to [24]keep the dangers in mind. I think that's the greatest challenge for humanity in the 21st century.

Coordinated by Kazumoto Ohno

イドラインが制定されました。

そして今日、私たちはバイオテクノロジーから多大な恩恵を受けていますが、今後10年間で、その傾向はさらに活発になるでしょう。現時点では、偶発的、意図的、いずれの問題も、ゼロに抑えられています。だからといって、よし、もう心配事のリストから削除していい、それはもう終わったことだ、というわけではありません。科学技術は常に進化を続けており、私たちはガイドラインを改定し続けなくてはなりません。ただ、そうすることによって、私たちは危機に対処できるのだ、という自信を持つことはできます。

一方で私たちには、これらの科学技術を促進し続けなくてはならないという、道徳的義務があります。ただし、その危険性をしっかりと頭に入れておかなければなりません。それこそが、21世紀における人類の、最大の課題だと思います。

（訳：春日聡子）

[14] **come up with ~**　～を考え出す

[15] **accidental**　偶然の、予想外の

[16] **intentional**　故意の、意図的な

[17] **pick up**　活発になる

[18] **cross A off B**　AをBから消す、AをBから抹消する

[19] **take care of ~**　～を片付ける、～に対処する

[20] **sophisticated**　精巧な、高度化された

[21] **reinvent**　再発明する、新たに考案する

[22] **deal with ~**　～に取り組む、～に対処する

[23] **moral imperative**　道徳的義務、人

間としてなすべきこと　★imperativeは「責務」の意。

[24] **keep ~ in mind**　～を忘れないでおく

AFTER LISTENING 聞いた後に

内容理解クイズで、どれくらい聞き取れたかを確認します。
次にディクテーションとシャドーイングに取り組み、リスニング力とスピーキング力を鍛えましょう。

❓ TRUE/FALSE REVIEW 内容理解クイズ

インタビューの内容と合っていればT（True）を、違っていればF（False）を選んでください。間違っていたら、解答と日本語訳をしっかり確認しましょう。

［解答と日本語訳］p.95

1 According to Ray Kurzweil, computers will be as intelligent as humans by 2029.

［ T ／ F ］

2 Kurzweil says that nanotechnology is already being used in humans to cure disease.

［ T ／ F ］

3 Kurzweil says that the biggest challenge in the artificial inteligence world right now is making an intelligent computer learn by seeing something just once.

［ T ／ F ］

4 Kurzweil says that there have been no destructive effects of biotechnology so far.

［ T ／ F ］

✎ DICTATION ディクテーション

音声を聞き、下の欄に書き取りましょう。手順はp.5参照。

［解答］p.92、1～5行目

Having said that,

our houses.

DICTATION > 　頭の中で「もろ刃の剣」と「double-edged sword」の結びつきを強化し、聞き取り・書き取り・意味理解が瞬
GUIDE 　時に行えるようにしておきたいですね。刀や剣を指す sword は、書き取り時に発音しない文字 w がある点に注
意しましょう。Fire . . . 以降は、意味の切れ目で使われている上昇調のイントネーションを手掛かりにすると
書き取りやすくなります。

TRUE/FALSE REVIEW　解答と日本語訳

1 True
レイ・カーツワイルによると、コンピューターは、2029年までに人間と同じくらい賢くなる。［該当箇所］TRACK 027

2 False
カーツワイルいわく、ナノテクノロジーは、すでに人間の病気を治すために使われている。［該当箇所］TRACK 028

3 True
カーツワイルいわく、今現在、人工知能の世界で最大の課題は、あるものをたった一度見ただけで学ぶ処理能力のあるコンピューターを作る
ことだ。［該当箇所］TRACK 030

4 True
カーツワイルいわく、バイオテクノロジーによる破壊的な影響は、これまでのところ皆無だ。［該当箇所］TRACK 032

次の部分をシャドーイングして、聞き取る力と同時に話す力も鍛えましょう。
手順はp. 5参照。

［抜粋箇所］p. 89、下から6行目〜最終行

Humans can learn from less information. Your friend or your boss tells you something once or twice, you might actually remember that, at least some humans do. But, uh, computers need to be told a million times, a billion times.

SHADOWING ›
GUIDE
at least の at が非常に速く弱く発音され、least と密着し一語のように聞こえる箇所は、何度か聞こえてくるままに復唱し、音で覚えましょう。思考を整理しながら言葉を紡いでいるため、Your の直後のように長いポーズが入ります。繰り返し練習し、慣れてきたら、Humans と computers、そして once or twice と a million times, a billion times の意味的対比を意識しながらお手本を追いかける練習が効果的です。

◀))035

INTERVIEW
PLAYBACK 3

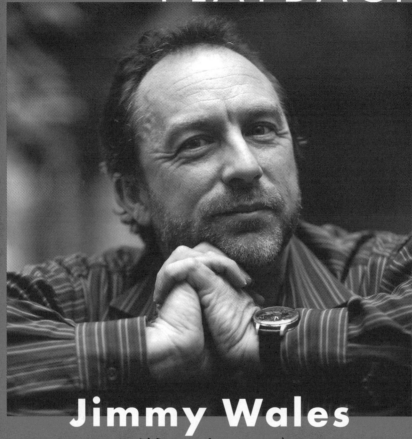

Jimmy Wales
ジミー・ウェールズ
ウィキペディア創設者

DATA
取材日：2007年3月8日／27日
インタビュアー：ENGLISH JOURNAL編集部
掲載号：2007年8月号

今回再収録したのは、2007年の来日時にウェールズがEJの単独インタビューに応じてくれた貴重な音声です。Web 2.0と言われたネット社会黎明期のものではありますが、だからこそ、現代のわれわれに、当時の基本的な気づきを再確認させてくれます。

Jimmy Wales
ジミー・ウェールズ（ウィキペディア
創設者）

1966年8月7日、アメリカ、アラバマ州生
まれ。先物オプション企業勤務を経て、男
性向けサーチエンジン Bomis やオンライン
百科事典プロジェクト「ヌーペディア」を立
ち上げる。2001年にオンライン百科事典
「ウィキペディア」を創設し、'03年にはウィキ
メディア財団を設立、同財団名誉理事長。

Wikipedia：
誰もが編集に参加できる知の集積

It is a 'wiki,' meaning anyone can edit at anytime.

——ウィキペディアは「ウィキ」なんです。つまり、いつでも誰でも編集することができる、ということです。

Wikipedia (Aug. 30 2023, 18:20 UTC). In Wikipedia: The Free Encyclopedia. Retrieved from https://en.wikipedia.org/wiki/Main_Page
「Wikipedia」『フリー百科事典　ウィキペディア英語版 』。2023年8月30日（水）18：20 UTC、URL: https://en.wikipedia.org/wiki/Main_Page

　330以上の言語に、6000万を超える記事 ——2023年9月現在、世界で7番目のアクセス数を誇るサイト「ウィキペディア」は、今日も世界中で多くの人に読まれ、そして新たに記事が編集されている。

　この巨大なネット上の百科事典は、2001年にジミー・ウェールズの手によって誕生した。誰でも編集に参加できるという斬新なコンセプトは、当時から不変。新たな記事を作るときも、すでにある記事に手を加えるときも、参加資格は問われない。そうして集まった情報は、「誰でも編集できる」「中立的な観点」などの“五本の柱”と呼ばれる基本原則の下で、不特定多数の参加者に精査されていく。そうした自由な運営方針でありながら、（言語によっては）市販の百科事典に引けを取らない正確性を持つと、専門家のお墨付きをたびたびもらっている。

　もしかしたらウェールズは、設立時から今の成功を、ある程度見据えていたかもしれない。彼はウィキペディアを世に送り出す少し前、専門家のみが編集するというコンセプトの百科事典プロジェクト「ヌーペディア」を立ち上げていた。ルールの多くはウィキペディアと共通していたが、世の関心を集めるに至らず失敗に終わっている。その経験から、信頼性重視で編集者を限定するより、大人数で情報を洗練させていく方が圧倒的なエネルギーが集まる、と考えたのではないだろうか。

　多くの人が参加して、積極的に知識を落とし込む——そんな理想の環境づくりにとって、“五本の柱”の一つ「中立的な観点」は、特に重要な役割を果たしているに違いない。

古田雄介（ライター）

BEFORE LISTENING 聞く前に

事前に音声の特徴や、リスニングのポイントを確認しておくと、聞き取りやすくなります。

INFORMATION 音声の特徴

形式：1対1のインタビュー　難易度：level 3 ★★★★★　速さ：速い

話し方・特徴
落ち着いたトーンで、言いよどみや言い間違いが少なく、専門用語を控えて日常的に使われる言葉で話している。そのため、速くても少し注意を払えば理解できる。

📖 CONTEXT インタビューの背景

　近年のコロナ禍で、私たちはオンライン会議やリモート・ワークなど、便利な非対面のコミュニケーション手段を手にしました。しかしその一方で、やはり人と人が直に合って意見を交わすことの重要性にもあらためて気付かされたはずです。ここに掲載したインタビューは2007年に収録されたものですが、当時すでにジミー・ウェールズは、人々が直接顔を合わせることの大切さを指摘しています。その一環として本人が語っているように、彼は世界中を頻繁に旅して、ウィキペディアに投稿している人々と直に言葉を交わし、コミュニティーを創り上げています。ネット社会の寵児のように思われがちな彼ですが、その裏でしっかりとリアルなつながりを築いていた姿勢に学ぶところは多そうです。

🔑 KEY WORDS 理解のためのキーワード

Web 1.0

単に「読む」ためのページの集まりだった、従来のウェブの在り方を指す。ユーザー参加型のサービスなどを提供する Web 2.0（ウェブの第2世代の意）という概念が提唱されてから、それ以前のウェブがこう呼ばれるようになった。

wiki
ウィキ

ウェブブラウザを利用して誰でも直接コンテンツを編集できるウェブサイト、またはソフトウェアのこと。文書をネットワーク上で共有できるため、共同作業で文書を作成するのに適する。ウィキペディアもこのシステムを利用している。

Wikia
ウィキア

ウィキサイトのホスティング（サーバーの容量の一部を間貸しする）サービスで、さまざまなコミュニティーサイトを作ることができる。ジミー・ウェールズらが2004年に始めたプロジェクト。現、Fandom。

▶ NOW LISTEN!

Back to Basics　🔊 036

EJ: ❶Wikipedia has been an ❷enormously successful challenge, it seems to me. How did it become so big?

Jimmy Wales: I think the main reason for the success of Wikipedia has been that it brings us all back, in a certain way, to the original ideals of what the Internet is for.

I think when everyone first heard of the idea of the Internet and started to use it, we all thought, "Wow this is a really fabulous tool for everyone in the world to be able to collaborate, to share knowledge, and to build resources to help each other."

原点に立ち返る

EJ：ウィキペディアという試みは、大変な成功を収めてきたように思われます。どうしてこれほど大規模になったのでしょうか?

ジミー・ウェールズ：ウィキペディアが成功を収めた大きな理由は、これがある意味で、インターネットが何のためにあるのかという、そもそもの理念に私たちを立ち返らせてくれるからではないでしょうか。

　思うに、インターネットの概念について初めて耳にし、それを使い始めた時、私たちは皆、「ああ、これは本当にすごいツールだ。世界中のあらゆる人間が協力し合い、知識を共有し、リソースを構築して助け合うことができる」と考えました。

---

❶ **Wikipedia**　ウィキペディア　★インターネット上で公開・作成されているオンライン百科事典。記事の執筆・編集には誰でも自由に参加できる。そのため、記事の信憑性は必ずしも保証されない。運営母体はウィキメディア財団。現在、330を超える言語で作成されており、総記事数は6,000万を超える。英語版、日本語版はともに2001年に設立。

❷ **enormously**　非常に

But then we went through a whole era of the ❶Web 1.0 boom, in which it began to seem that the Internet was somehow mostly about ❷spam and ❸pop-up ads and selling dog food, and all the crazy things that went on during that era. And now, Wikipedia really goes back to that original idea: here's a great tool for sharing information so let's share information.

User's Guide　　　　🔊 037

EJ: Could you give our readers some recommendations on how to use Wikipedia?

Wales: So, what we always say is that the best way to use Wikipedia is as an excellent starting point for a broad background knowledge. So, if you just need to know some information very quickly, you'll find Wikipedia to be mostly very reliable, very easy to use and understand and very ❹comprehensive. I mean we cover many more topics than any traditional encyclopedia ever could.

ところが、その後、Web 1.0 隆盛の時代を経験しました。そのころ、インターネットは、たいがいが迷惑メールにポップアップ広告、ドッグフードの販売など、あの時期に見られた、わけの分からないいろいろな物事でできているように思えてきたわけです。そして今、ウィキペディアが、そもそもの概念に立ち返っているのです。つまり、「情報を共有できる素晴らしいツールがあるから、情報を共有しよう」という概念にね。

活用のコツ

EJ：小誌読者に、ウィキペディアの活用方法について何かアドバイスを頂けますか？

ウェールズ：私たちがいつも言っているのは、最高の活用法は、ウィキペディアを幅広い予備知識を仕入れるための優れた出発点にする、ということです。ある情報を手早く仕入れたいというとき、ウィキペディアはたいていの場合において信頼性がとても高く、利用しやすくて理解しやすく、守備範囲が非常に広いことが分かるでしょう。ウィキペディアは従来の百科事典よりはるかに多くのトピックを扱っていますからね。

---

❶ **Web 1.0** ★➡p. 100のKEY WORDS 参照。

❷ **spam** スパム（メール）、迷惑メール ★受信者の意思とは無関係に、無差別かつ大量に送信される広告メールのこと。

❸ **pop-up ad** ポップアップ広告 ★あるウェブページにアクセスした際に、自動的にブラウザウィンドウが立ち上がり、表示される、ウェブ広告。

❹ **comprehensive** 包括的な

❺ **contribute to ~** ～に寄稿する

What they shouldn't do is necessarily rely on it for some really critical point or purpose. So, you might want to look in Wikipedia if you want to know, something about the history of Tokyo, but if you're, you know, planning on doing brain surgery or something, I wouldn't look it up in Wikipedia. Maybe you should consult a more traditional resource.

A Strong Neutrality 🔊 038

EJ: I'm sure that people often ask you this question, but how do you resolve the inevitable conflicts that come up with so many people ❺contributing to each entry?

Wales: Right, so, the way Wikipedia works is its very open editing process. Anyone can join the community and contribute to articles. Of course sometimes this means that people have disagreements over what the article should say, and the normal way we resolve this is just through long discussion about the contents of the article.

やってはならないのは、何か本当に重要な場面や目的において全面的にウィキペディアに頼る、ということです。東京の歴史について何か知りたいときはウィキペディアで調べてもいいかもしれませんが、脳外科手術といったことをするつもりなら、私ならウィキペディアで調べることはしません。（医師や専門文献などの）従来型のリソースで調べるべきでしょう。

確固たる中立性

EJ： これは、しょっちゅう尋ねられる質問だと思いますが、非常に多くの人間が各項目に投稿することで必然的に生じる意見の衝突は、どのように解決なさるのですか？

ウェールズ： そうですね、ウィキペディアは非常にオープンな編集プロセスによって機能しています。誰でもコミュニティーに加わって、記事を投稿することができます。当然ながら、時には記事の内容をめぐって意見が食い違うこともあるわけですが、通常は、記事の中身について時間をかけて議論することだけで、これを解決しています。

We have a very strong neutrality policy, which says that Wikipedia itself should not take a stand on any ❶controversial issue. This helps a lot, so perhaps two people may have a strong disagreement about something, but usually they can find a way to present the disagreement so that other people can understand what they're arguing about. So, you know, you may say, you know, cite some sources that say one thing and someone else has some sources that say other things. Well the article should basically inform the reader about both viewpoints and how to learn more. It actually works reasonably well in practice.

It's actually quite rare that there's some dispute that really is very, very difficult, and it always comes about because, uh, of, uh, some behavior problem or personality problem — in other words, people who can't be reasonable and things like that. But it's actually very rare. It turns out most people are basically quite reasonable, and understand that, "Well, I may disagree with you but at least we can present what you're saying fairly." And that seems to work pretty well.

私たちは確固たる中立性（を保持する）というポリシーを打ち出しています。ウィキペディア自身は、論争のある問題については立場を表明すべきでない、というものです。これが大変役立っています。2人の人間があることについて激しく意見を対立させていたとしても、たいていは意見の不一致を提示する方法が見つかるので、ほかの人々は何について議論しているのかを理解できます。こちらがあることを述べているソースを引用すると、別の人が異なった内容を主張するソースを持ち出す、という具合です。基本的に、記事は両者の見解と、さらなる知識を得る方法を読者に知らせるべきです。実際に、そうしたことがかなりうまく機能していますね。

実のところ、非常に難しい論争が起こるのはごくまれなことでして、そういった論争が起こるのは常に、（参加者の）振る舞いや人となりが問題となるからで—言い換えれば、道理をわきまえられない人がいる、といったようなことです。ですが、それは実際には、めったにないことですね。結局のところ、たいていの人は基本的にたいへん理性的ですし、こう理解しています。「いいよ、君の意見には賛成できないかもしれないけれど、ともかく君の主張を公平な形で公表することはできる」と。そういうことがかなりうまく機能しているように思われますね。

---

❶ **controversial**　異論の多い

❷ **face time**　面と向かって話す時間

❸ **wiki**　ウィキ　★ ➡ p.100 の KEY
　　WORDS 参照。

❷Face Time with Wikipedians ◀》 039

EJ: Isn't it difficult to do, without contributors meeting each other face to face?

Wales: Yeah, so it is difficult to do just online. There's a lot of things in the software that really help to make the conversations healthier. It is a "❸wiki," meaning anyone can edit at anytime — even the discussion pages — and so we have certain rules like: no personal attacks. So, if you start attacking a person personally, someone else can remove that comment, to make sure that the discussion stays focused on the information.

ユーザーとの集い

EJ： 投稿者たちが互いに顔を合わせることなしに運営していくのは難しくありませんか？

ウェールズ： ええ、オンラインだけでやっていくのは難しいですが、ウィキペディアには、対話をより健全なものにするために非常に役立つことが、たくさん盛り込まれています。ウィキペディアは「ウィキ」なんです。つまり、いつでも誰でも編集することができる、ということでして—議論のためのページでさえです—そのために、個人攻撃はしないなどの一定のルールを設けています。個人攻撃が始まったら、別の人がそのコメントを削除して、議論を情報についてだけに集中させておくことができます。

But it's also quite important that people meet ❶in person, and we actually have a lot of in-person meetings, um, with the core community. This is one of the reasons why I travel all over the world so much — is because, not because I can do anything all that useful myself, but sometimes people, you know, on the Web site, they'll say, for many months people will say, "Oh well, we should get together sometime. We should have a group meeting and have some beer and ❷hang out," but then well, it never gets scheduled exactly. But then if I am coming, then that'll be a good point for a meeting to happen.

So, very often when I travel, it's the first time a group of people has gotten together to meet and then we have these wonderful ❸meet-ups that start, and then they have them regularly after that. That really does help with conflict because, oh, well, once you know someone in person, you can still have a conflict with them, but usually you treat them more like a human being and not some letters on a Web page, you know, so . . .

ただ、人々が直接顔を合わせることも非常に大切ですから、実際、核となるコミュニティーについては、顔合わせのミーティングを頻繁に開いています。それもあって、私は世界中をこれほど多く旅しているのです―私自身がそれほど有用なことをできるというわけではないんですが、ただ、皆さんがウィキペディア上で「よし、いつか集まろう。グループ・ミーティングを開いて、ビールでも飲んで、語り合おう」と何カ月も言い続けてるのに、はっきり予定が立つことはありません。でも、私がやって来るとなれば、それがミーティングを開くいいタイミングになるでしょう。

それで、往々にして、私が訪れるときが、あるグループの人々が集まって顔を合わせる初めての機会になり、その後、彼らは素晴らしい集まりを開くようになり、それからは、定期的に会合を開くようになるんですね。そういうことが、意見の対立が起きたときに本当に助けになります。だって、いったん直接の知り合いになれば、依然として意見のぶつかり合いは起こるかもしれませんが、たいていは相手をウェブページに並ぶ文字としてではなく、もっと人間らしく扱いますからね……。

---

❶ **in person** （本人が）直接に

❷ **hang out** のんびり過ごす

❸ **meet-up** ★ = meeting

❹ **Ni-Channeru** ２ちゃんねる ★1999年に開設された電子掲示板サイト。現、５チャンネル。

❺ **roses and cherry blossoms** バラの花とサクラの花 ★楽しい雰囲気を例えている。

Conflict and Human Passions 🔊 040

EJ: I wanted to ask you a little more about online communities. Particularly Japanese online communities. I'm sure you've seen or heard about the kind of interactions that take place on sites like, uh, ❹Ni-Channeru. People can be very disrespectful . . .

Wales: Yes, yes. So, it's really interesting because those kinds of forums are very different from what we try to have at Wikipedia. Wikipedia has never been an open, free-speech forum. It's a project to build an encyclopedia, and there are certain behavioral rules about being kind to other people, try to be helpful.

Of course, we're human beings, so anytime human beings are doing something passionate, they get into some arguments and fights. So I don't mean to imply that it's always ❺roses and cherry blossoms, but it's, uh, usually a much nicer atmosphere than in somewhere like, uh, Ni-Channeru. So yeah.

意見の対立と人々の情熱

EJ：オンライン・コミュニティーについて、もう少し伺いたいと思っておりました。特に日本のオンライン・コミュニティーについて。『2ちゃんねる』のようなサイトでどんな相互交流が繰り広げられているか、見聞きなさったことと存じます。人はひどく無作法になることがありますが……

ウェールズ：ええ、ええ。すごく興味深いですね。そういった形のフォーラムは、私たちがウィキペディアで展開しようとしているものとはずいぶん違っていますから。ウィキペディアは公開された、言論自由のフォーラムという形は一切採ってきませんでした。ウィキペディアは百科事典を構築しようというプロジェクトでして、人に親切にする、人の役に立とうとするといった一定の行動ルールがあります。

もちろん、人間ですから、何か情熱を傾けることをしていれば、多少の議論や口論は起きるものです。ですから、ウィキペディアがいい事ずくめだと言うつもりはありませんが、たいていの場合、『2ちゃんねる』のようなサイトよりはるかに良好な雰囲気ですね。ええ。

The People's Car　🔊 041　庶民の車

EJ: Do you see any possibility that the concept of ❶"open source" will inspire ❷off-line projects in the future?

Wales: Yeah, definitely. I mean, but I think open source, a lot of the ideas of free licensing really apply the most, you know, online, because that's where you really have the tools to be able to share your work and collaborate with others.

But there are some really interesting broad concepts that are out there that I think are coming soon. So, one example would be — I laughed when I first heard the comment but then I read more about it, and I thought, "Oh that's actually very interesting," — would be a, uh, open source car.

So, an automobile, the idea would be you would have a group of developers, automotive engineers working together online to design a fairly standard car with all standard parts and sizes and everything; publish all the ❸specifications with the idea that any manufacturer could build this car and you

EJ：将来、「オープンソース」という概念が、オフラインのプロジェクトを生み出す可能性が多少なりともあるとお考えですか？

ウェールズ：ええ、それは間違いないでしょう。ただ、オープンソース、無償の使用許諾という概念の多くが実際に最も応用できるのは、オンラインだと思います。というのも、オンラインこそが、自らの取り組みを他者と共有し、協動できるツールのある場ですから。

でも、世の中には広範囲にわたる非常に興味深いコンセプトもあって、それがもうすぐ実現すると思います。その一例が―最初に話を聞いた時は笑ってしまいましたが、後でもっと詳しく知って、「実に面白い」と思ったのが―オープンソース・カーというものです。

自動車が―このアイデアは、開発者グループがあって、自動車エンジニアたちがオンラインで共同作業をして、パーツやサイズなど全てが規格に沿った、かなり標準的な車を設計するというものです。どのメーカーがこの車を製造してもいい、そして、まったく同じ車を製造するために、いろいろなメーカーを競い合わせてもいい、というアイデアに基づいて、

---

❶**open source** オープンソース ★ソフトウェアのソースコードを、著作者の権利を守りながら、無償で公開すること、またはそのソフトウェア。

❷**off-line** オフラインの ★本来ネットワークに接続していない状態を指すが、ここではインターネットを介さない場、といったような意味。

❸**specifications** 仕様書

❹**very broadly available, inexpensive car** ★正しくは、a very broadly available, inexpensive car。

❺**modification** 修正

❻**sphere** 範囲、領域分野

could have many different manufacturers competing to build the exact same car.

But the benefit to the consumer would be "Well, maybe I buy this from this maker, or this maker, or this maker, but all the parts are interchangeable and everything works together," so that it could become maybe some kind of people's car, you know, [4]very broadly available, inexpensive car that would have different [5]modifications based on that.

I think it's a really interesting idea, just because the idea of having interoperability of parts for different makers of cars is a really, kind of, uh, very efficient idea. So, I don't know if anything like that will ever happen, but it certainly is interesting to think about.

Linguistic Border   🔊 042

EJ: The borders of the Web [6]sphere seem to be defined linguistically, and because of this, some Japanese are afraid that Japan may end up isolated in the future. Do you think these sorts of, uh, "linguistic borders" will be a problem for people in the future?

仕様書を全て公開します。

そして、消費者にとってのメリットは、「よし、この車をこのメーカーから買うかもしれないし、別のメーカーから買うかもしれない、でも、どのパーツも（メーカー間で）互換性があるから、全てが連携して機能する」といった点でしょう。だから、この車は、その点に基づいてさまざまな改造が可能な、極めて幅広い層の人々にとって入手しやすい低価格車、いわば庶民の車になり得るのです。

これは実に面白いアイデアだと思います。さまざまな自動車メーカーでパーツを相互使用できるというのは、実に効率的な考え方ですから。そのようなことが果たして実現するかどうか分かりませんが、そういうことを考えるのは確かに面白いですよね。

言語的な境界線

EJ：ウェブ領域の境界線は言語に基づいて引かれるように思われますが、そのために、日本が将来、孤立することになるのでは、と懸念している日本人もいます。こうした「言語的な境界線」といったものが、将来、問題になると思われますか？

Wales: Well, you know, it's really interesting, because in some ways, of course, the Internet is, I mean, it is correct to say the borders are linguistic, they're not national. So, for a language like Japanese, of course, the vast majority of Japanese speakers are here in Japan in a well-defined area. That's very different from English or Spanish, which are spoken in many different places around the world.

But at the same time I do think we're having more and more communication with people between languages, and so, you know, the chance of Japan becoming isolated really ❶are quite small. At the same time it, it is interesting. In all of my travels, of course, I speak English and some German and only sukoshi Nihongo. But, just a little bit of Japanese, and there are certain trends that I see ❷in terms of how English is used around the world.

ウェールズ：ええ、非常に興味深い点ですね。というのも、ある意味では、もちろん、幾つかの点でインターネットは、境界は国境ではなく、言語によって決まるといっていいからです。日本語のような言語の場合、もちろん、日本語を話す人間の大多数は、日本というとても限定的な地域にいます。それが、英語やスペイン語の場合と著しく異なる点です。英語やスペイン語は、世界中のさまざまな場所で話されていますから。

でも同時に、異なる言語間のコミュニケーションはますます増えつつあるので、日本が実際に孤立する可能性はかなり小さいと思います。その一方で、興味深いことがあります。旅をするときはいつも、言うまでもなく、私が話すのは英語と若干のドイツ語、そして日本語をほんの少しだけなのですが、英語が世界中でどう使われているかについて、一定の傾向が見て取れるんですね。

---

❶ **are**　★正しくは is。

❷ **in terms of ~**　～の観点から

❸ **Lithuania**　リトアニア（共和国）　★バルト海沿岸の国。首都ビリニュス。1940 年にソ連に併合されたが、'91 年に独立。

So, in very small countries, particularly European countries like [3]Lithuania, lots of people speak English, because if you are speaking Lithuanian and you want to have a good job or do business internationally, well, you have to learn English. But in larger countries, so, in Germany, maybe people don't speak quite as much English.

The Economics of English 🔊 **043**

Wales: Well Japan is, you know, fairly unique in that it's 125 million people, so it's quite a large country in terms of the number of people; and it's quite a wealthy country, so there's lots of business you can do speaking only Japanese by just working in Japan.

So, I think most people in Japan don't necessarily feel a direct need to learn English, not in the same way that in other places people do. So, if you're in Russia, as far as I can tell, in Russia everybody is madly trying to learn English because it's a very poor country. So, even though it's quite large, it's poor, and people see they need this for the opportunities.

とても小さな国、とりわけリトアニアのようなヨーロッパ諸国では、多くの人々が英語を話します。（母語として）話す言葉がリトアニア語であっても、いい仕事に就きたい、国際ビジネスを手掛けたいと思ったら、英語を学ばなくてはならないからです。ところが、もっと大きな国では、例えばドイツでは、人々はそれほど英語を話さないかもしれません。

英語の経済学

ウェールズ：そうですね、日本はかなり珍しい国です。1億2500万人の人間がいて、人口的には大国ですし、大変裕福な国ですから、日本で働いている限り、日本語だけを話していてできる仕事がたくさんあるんです。

ですから、たいがいの日本人は、英語を学ぶ直接的な必要性を必ずしも感じていないと思います。ほかの国の人々が感じているようにはね。ロシアにいたら、私の知る限り、ロシアでは誰もが必死で英語を学ぼうとしています。ロシアが非常に貧しい国だからです。ですから、非常に大きい国ではあっても貧しいために、人々はチャンスをつかむには英語が必要だと分かっているのです。

So, I think it is important that Japanese people learn English, and I suppose this magazine is about learning English, but, uh, it provides a great opportunity for this kind of outreach — and I actually think for particular people in Japan, the factors that I just stated mean that a lot of people in Japan will not learn English; they have good jobs, it's a wealthy country, there are lots of Japanese people — which means that there's a real advantage to learning English.

You know, people who can speak English will be able to do interesting things internationally. So, so buy the magazine, it's very good. Ha-ha.

日本人が英語を学ぶことは大事だと思いますよ。御誌は英語学習誌と聞いていますが、英語学習は活動範囲を広げるための素晴らしい機会を提供してくれます— 特定の層の日本の人々にとって、私が今申し上げたことは、多くの日本人が英語を学ぶことはないだろうということを意味している、実のところそうと思います。いい仕事に就いているし、豊かな国だし、国民も多い—でも、それはつまり、英語を学ぶことには大きなアドバンテージがあるということです。

英語を話せる人間は、世界を舞台に興味深いことができるでしょう。ですから、この雑誌を買いましょう。とてもいい本ですよ。ハハハ。

The World of Wikipedia ※ 🔊 044

ウィキペディアの世界

Wales: So, some of the fun stuff, if you wanna think about, uh, what is the difference between Wikipedia and ❶Wikia, if you think about the ❷Muppets . . . in Wikipedia, there are around 300 articles about the Muppets, which is a lot. Uh, we've got an article about the Muppets in general, we have an article about ❸Sesame Street, ❹Kermit, ❺Miss Piggy, ❻Big Bird, ❼The Muppet Show, ❽Muppet movies, ❾Jim Henson, all of those things; there's around 300 articles

ウェールズ： 面白いことなんですが、その、ウィキペディアとウィキアはどこが違うのかを考えたければ、マペットに関して考えると……ウィキペディアには、マペットに関する記事が約300あります。これはかなりの数です。マペット全般に関する記事があり、「セサミストリート」やカーミット、ミス・ピギー、ビッグバード、「マペット・ショー」、マペット映画、ジム・ヘンソンなどといった、あらゆる事柄に関する記事も載っています。マペットに関係する記事が300本ほどもあるのです。マペットに関し

※ TRACK 044以降は、ウェールズが外国特派員協会で行った記者会見の一部。自身がかかわっている「ウィキア」というサービスについて語っている。

❶ **Wikia** ウィキア ★➡p.100のKEY WORDS参照。

❷ **Muppet** マペット ★中に腕と手指を入れて操る人形。着ぐるみタイプのものもある。考案者ジム・ヘンソン（❾参照）の造語。

❸ **Sesame Street** 「セサミ・ストリート」★アメリカの子ども向け教育番組（1969-）。個性豊かなマペットのキャラクターたちが登場する事で有名。

❹ **Kermit** カーミット ★「セサミ・ストリート」や「マペット・ショー」（❼参照）に登場するカエルのマペット。

❺ **Miss Piggy** ミス・ピギー ★「マペット・ショー」（❼参照）に登場するブタのマペット。

❻ **Big Bird** ビッグバード ★「セサミ・ストリート」に登場する黄色い大きな鳥のマペット。

❼ **The Muppet Show** 「マペット・ショー」★ジム・ヘンソン（❾参照）が製作したマペットが登場する、イギリスやアメリカで放送されたテレビ番組（1976-81）。

❽ **Muppet movies** マペット映画 ★「セサミ・ストリート」や「マペット・ショー」に登場するキャラクターが活躍する映画。

about the Muppets. And you would think that would cover the entire world, um, as far as you can tell, from the Muppets.

The World of Wikia 🔊 045

Wales: But at, at Wikia we have the Muppet site. And at the Muppet site at Wikia, in the past — uh, it's a little bit more than a year now, a year and three months — they've actually written 13,151 articles about the Muppets. How could you do this? It's unbelievable, right? What are they doing there? How are they doing it?

So, to give you an idea of the kind of information that they're covering that would not normally be covered in Wikipedia, this is the article in Wikipedia about ⑩Itzhak Perlman, the famous violinist. It tells about his career as a violinist — where he was born, where he went to school, some of the awards that he's won. You know, he's a remarkable musician and this tells all about him. For some reason, that I don't understand, this article does fail to cover the time he went on Sesame Street and played the banjo. Um, but the Muppet Wikia team, uh, found the, found out about this, they wrote a

ては、ウィキペディアはその世界全てをカバーしていると思われるでしょう。

ウィキアの世界

ウェールズ:しかし、ウィキアにはマペットのサイトがあります。ウィキアのマペット・サイトには、これまでに—1年ちょっと、1年3カ月の間に—マペットに関して実に1万3151本の記事が書かれたのです。どうしてこんなことができるのでしょう？　信じ難い話ですよね。ウィキアではどんなことが、どんなふうに行われているのでしょうか。

ウィキアが扱っていて、ウィキペディアでは通常扱われないような情報についてご説明するために、こちらが有名なバイオリニストのイツァーク・パールマンに関するウィキペディアの記事です。この記事で触れているのは、バイオリニストとしての彼の経歴—生まれた場所、出身校、受賞した幾つかの賞、といったことです。彼は非凡な音楽家であり、このウィキペディアの記事は、彼に関する全てを伝えています。（しかし）どういうわけか、その理由は分かりませんが、この記事は、彼が「セサミストリート」に出てバンジョーを演奏した時のことについては触れていないのです。マペット・ウィキア・チームはそのことを知って、小さな記事を書きました。

---

⑨**Jim Henson** ジム・ヘンソン　★アメリカの人形作家（1936-90）。マペットの産みの親。

⑩**Itzhak Perlman** イツァーク・パールマン　★イスラエル生まれのバイオリニスト（1945-）。

little article, they don't really tell you a whole lot about the rest of his life because this site is all about the Muppets. It's actually all about the entire world, from the Muppet point of view.

So, this is the kind of niche-interest, ❶long-tail content, that there are people out there who are very passionate about. Normally, in a ❷given month, uh, something like a hundred different people edit this site. There's a core community of 20 or 30, and they've been really busy, and they've created a ❸reference work about the Muppets that's far larger than any book that's ever been written, or would ever be likely to be written, about the Muppets.

What we can do on the Web 🔊 046

Wales: They've done this in a way that is completely, economically ❹infeasible otherwise. It would be pretty impossible to publish this, and expect it to sell; it would be several volumes long. Instead they can just do it on the Web, and as long as they're having fun doing it, that's fine. It's, the community really enjoys it.

パールマンの生涯のそのほかのことについてはそれほど書かれてはいません。これはマペットに関するサイトですからね。実際、マペットという観点から見た世界全てに関するサイトなのです。

ですから、これはいわばニッチな興味に応える、ロングテールなコンテンツでして、それについて大変入れ込んでいる人々が存在するわけです。通常、ひと月の間に、およそ100人ほどの人々がこのサイトを編集します。核となるコミュニティーは20人ないし30人の人々で、この人たちはせっせと編集を行い、マペットについてこれまで書かれた、あるいはこれから書かれるだろうどんな書物よりはるかに広範囲にわたるマペットの参考資料を生み出してきました。

ウェブ上でできること

ウェールズ：この人たちがやり遂げたことは、別の方法では経済的にまったく実現不可能です。これを出版して売れるのを期待するなんて、とてもあり得ないことでしょう。数冊分の長さになるでしょうしね。そうではなく、この人たちはウェブ上でまさにそれと同じことができるんです。自分が楽しんでやっていられるなら、それでいいのです。このコミュニティーは本当に楽しんでやっていますよ。

---

❶ **long-tail** ロングテール ★売れ筋ではないニッチ商品（群）のこと。縦軸に販売数量、横軸に販売数量の多いアイテムから並べたグラフを描くと、数量の少ないアイテムの部分がロングテール（長い尻尾）のように見えることから。ここでは、「興味を抱く人が限られるニッチなコンテンツ」といった意味で使っている。

❷ **given** ある一定の

❸ **reference work** 参考文献

❹ **infeasible** 実現不可能な

So, right now in terms of the number of different Wiki sites with at least 1,000 articles, which is one of the measures we use for when a site has really taken off and formed a community. In Wikipedia, there are 128 different language communities that have at least a thousand articles. Um, and that's growing every day. At Wikia, we have 88 different communities that have at least a thousand articles. We actually expect that to be far greater than Wikipedia someday. The reason is, there are only so many languages in the world, but the number of different topics that might have at least a thousand articles is surely in the tens or hundreds of thousands, and so, we see this number growing all the time as different communities pop up.

Interviewed by Junko Sasaki
Narrated by Michael Rhys

目下、最低1000本の記事が載っているウィキ・サイトの数からいって……それ（1000本）が、サイトが実際にいつ軌道に乗り、コミュニティーを構成したかを判断するのに、私たちが利用する基準の一つですが……ウィキペディアの場合、最低1000本の記事を抱えるコミュニティーが128言語あり、その数は日々増え続けています。ウィキアには、最低1000本の記事を抱えるコミュニティーが88あります。いずれは、それがウィキペディアよりはるかに多くなると見込んでいます。というのは、世界の言語の数は限られていますが、最低1000本の記事を抱える可能性のあるトピックの数が、何万、何十万とあることは間違いないところであり、さまざまなコミュニティーが出現するにつれて、その数は常に増え続けているからです。

（訳：増田恵里子）

AFTER LISTENING 聞いた後に

内容理解クイズで、どれくらい聞き取れたかを確認します。
次にディクテーションとシャドーイングに取り組み、リスニング力とスピーキング力を鍛えましょう。

？ TRUE／FALSE REVIEW　内容理解クイズ

インタビューの内容と合っていればT（True）を、違っていればF（False）を選んでください。間違っていたら、解答と日本語訳をしっかり確認しましょう。

［解答と日本語訳］p.117

1. Jimmy Wales suggests Wikipedia is more reliable for general information rather than for specific details.

   ［ T ／ F ］

2. Wales says that conflicts don't arise because Wikipedia editors are all very reasonable people.

   ［ T ／ F ］

3. Wales says that one of the main reasons he travels around the world is to help resolve conflicts.

   ［ T ／ F ］

4. Wales thinks that open source collaborations might lead people to design a car on Wikipedia.

   ［ T ／ F ］

✐ DICTATION ディクテーション   🔊 047

音声を聞き、下の欄に書き取りましょう。手順はp. 5参照。

[解答] p. 101、下から4行目～最終行

Wow

each other.

DICTATION > 機能語が続く箇所は速いスピードになり、音がつながったり (this is a)、弱まったり（in the と and to）してい
GUIDE ます。とりわけ everyone in the world は、ハイフンでつながった一語のように発音されているリズムが心地よ
く、覚えやすいため、また概念的にもよく使うものですから、書く・話すときに活用してみてはいかがでしょ
うか。

TRUE/FALSE REVIEW   解答と日本語訳

1 True
ジミー・ウェールズは、ウィキペディアは特定の詳細情報よりも一般的な情報の方が信頼できると示唆している。 [該当箇所] TRACK 037
2 False
ウェールズは、ウィキペディアの編集者は全員とても理性的な人たちなので、意見の不一致は起きないと言っている。 [該当箇所] TRACK
038
3 False
ウェールズは、彼が世界中を飛び回る主な理由のひとつは、意見の不一致解決の手助けをするためだと言っている。 [該当箇所] TRACK
039
4 False
ウェールズは、オープンソースのコラボレーションによって、人々がウィキペディアで自動車をデザインするようになるかもしれないと考え
ている。 [該当箇所] TRACK 041

次の部分をシャドーイングして、聞き取る力と同時に話す力も鍛えましょう。
手順はp.5参照。

[抜粋箇所] p.104、下から5〜2行目

It turns out most people are basically quite reasonable, and understand that, "Well, I may disagree with you but at least we can present what you're saying fairly."

SHADOWING > GUIDE　ここでは basically quite reasonable が強調されています。声を basically の語頭でしっかり上げ、舌と顎を [é] ➡ [i] に滑らかに動かすよう（ベーとならないように）意識し、「例外はあるが全般的には」といった含意をくみながら発音しましょう。quite は「クアイト」とならないよう、舌の後方部を上顎の奥に軽く付て [k] を出した直後に唇を小さく丸めて [w] を響かせ、[t] は破裂させません。

難易度
level 4
★★★★★

🔊 049

INTERVIEW PLAYBACK 4

Angela Duckworth

アンジェラ・ダックワース

心理学者、大学教授

DATA
取材日：2016年9月21日
インタビュアー：大野和基
掲載号：2017年3月号

ここまで、ITやAIの進歩にまつわるインタビューを聞いてきました。では、そうしたテクノロジーの使い手である人間には、今後どんなメンタル要素が求められるのでしょう。人が成功するために必要なある力を提唱して注目を浴びたアンジェラ・ダックワース氏の意見を聞いてみましょう。

> # I think that there's only so far that, kind of, extrinsic motivation will get you.

——外からのモチベーションで到達できる場所は、高が知れているのではないでしょうか。

『やり抜く力 GRIT（グリット）
一人生のあらゆる成功を決める
「究極の能力」を身につける』

アンジェラ・ダックワース 著／神崎朗子 訳／ダイヤモンド社／1600円＋税
「グリット」とは、学業やビジネス、スポーツで成功を収める者が持っているという「やり抜く力」のこと。本書は、この力の存在を紹介し、さらにそれを伸ばす方法を解説して大きな注目を集めた。

成功者が持っている
「グリット」とは？

　成功を収めるために必要だとされる「グリット」の定義を、インタビューの中でアンジェラ・ダックワースは、「長期目標に対する情熱と粘り強さの組み合わせ」と言っている。

　この定義から考えると、2つの要素が大きく関係すると私は考えている。一つは、子どもが長期の目標に取り組んでいるとき、「そんな目標は実現できない」と周りから言われない環境にあること。もう一つは、粘り強く取り組み、何かを成し遂げた成功体験が、子どもにあること。この2つがそろうと、グリットが高まる傾向にあるのではないかと思う。

　子どもが育つ過程で、この2つの要素は、家庭での保護者とのやりとりや学校での先生とのやりとりの中に存在する。子どもが長期的な目標を掲げたときに、「できるよ」と励ますか、「そんなことは無理だ」と言うか。そのときの大人の態度に、子どものグリットは大きく影響を受けるだろう。

　グリットを伸ばせるか否かは、育ってきた環境次第である。だからこそ、アメリカ政府は、グリットを教育に取り入れようとしているのだ。家庭でのやりとりについては保護者の価値観などに左右されるが、学校という公教育制度の中でグリットを伸ばせる環境をつくることは、教員の研修などを通じて可能になるかもしれない。家庭でグリットを伸ばせない環境にいる子どもたちに対して、学校でグリットを伸ばす機会を与えられるのは、非常に意味のあることだと、私は考える。

為田裕行：フューチャーインスティテュート
株式会社 代表取締役

　写真：Angela Duckworth（p. 119）、Alamy／アフロ（p. 121）

Angela Duckworth

アンジェラ・ダックワース（心理学者、大学教授）

1970年、中国からアメリカに移住してきた両親の下に生まれる。ハーバード大学を卒業後、コンサルティング会社に就職。教師に転じて、ニューヨークやサンフランシスコの公立中学校で数学を教える。ペンシルベニア大学大学院で心理学博士号を取得。初著書『やり抜く力 GRIT（グリット）——人生のあらゆる成功を決める「究極の能力」を身につける』が、ベストセラーとなる。オバマ元大統領やビル・ゲイツも、この「グリット」の重要性に注目している。

BEFORE LISTENING 聞く前に

事前に音声の特徴や、リスニングのポイントを確認しておくと、聞き取りやすくなります。

INFORMATION 音声の特徴

形式：1対1の電話インタビュー　難易度：level 4 ★★★★★　速さ：速い

話し方・特徴
専門用語は少なく、早口だが明瞭な発音。電話対談のせいか、演説とは違い率直に話しているようで、you know や uh, の多用が目立ち、kind of や like crazy のような口語的な言い回しも登場する。

📖 CONTEXT インタビューの背景

アンジェラ・ダックワース氏はペンシルベニア大学の心理学教授で、2016年に『やり抜く力 GRIT（グリット）―人生のあらゆる成功を決める「究極の能力」を身につける』を発表し、成功するために必要なやり抜く力を提唱して話題となりました。昨今日本のスポーツ界では、選手が成功するためには、監督やコーチの指示に従うだけではなく、自ら考えてプレーすることが大切だと言われ始めています。やり抜く力について語った今回のインタビューで氏も「外からのモチベーションで到達できる場所は、高が知れているのではないでしょうか」と語っています。これからは何でも AI が解決してくれそうな風潮が漂う昨今ですが、やはり人間自身のメンタリティーの成長も欠かせないようです。

🔑 KEY WORDS 理解のためのキーワード

grit
根性、気概

ダックワース氏は著書『やり抜く力 GRIT（グリット）―人生のあらゆる成功を決める「究極の能力」を身につける』で、grit という語句を、「何事も諦めずに長期間、忍耐強くやり抜く能力」という意味で使っている。

resilience
回復力、復元力

「弾力性」等とも訳される言葉だが、ここでは困難を乗り越えて再び立ち上がる精神力をこう表現している。今回のインタビューではこのほかにも perseverance（忍耐力、粘り強さ）、persistent（粘り強い）など、気持ちの強さを表現する言葉が使われている。

True Grit

アメリカの西部劇映画『勇気ある追跡』（1969）と、同作のリメーク『トゥルー・グリット』（2010）の原題。

▶ NOW LISTEN!

❶Effort ❷Matters　　🔊 050

EJ: Let me start, and before we ❸get down to the nitty-gritty, what is your definition of ❹grit?

Angela Duckworth: Uh, my definition of grit is the combination of passion and ❺perseverance for long-term goals.

EJ: But did you have any ❻preconception or ❼misconception, if you will, about ❽what it takes to be ❾extremely successful ❿as opposed to being less successful?

Duckworth: I think that I always knew that effort mattered to success. But I think what my research is ⓫convincing me of is that it may matter more than we think it does. So, when I started teaching, I thought a lot of kids' success would be just how smart they were. And smartness helps, but it's not as important as I thought it would be.

努力が肝心

EJ：まず、核心に触れる前に、あなたのグリット（やり抜く力）の定義をお聞かせください。

アンジェラ・ダックワース：そうですね、私のグリットの定義は、長期目標に対する情熱と粘り強さの組み合わせです。

EJ：とはいえ、あまり成功を収めていない状況ではなく、大きな成功を収めるために何が必要か、ということについて、いうなれば、何か先入観や、思い違いのようなものは、ありませんでしたか？

ダックワース：成功するには努力が重要だ、ということは、ずっと分かっていたと思います。でも、研究を通じて確信を強めているのは、私たちが考えている以上に努力は重要なのではないか、ということだと思います。そう、私が教壇に立ったばかりのころは、多くの子どもの成功というのは、頭の良さ次第だと考えていました。賢いのはもちろん有利ですけれど、思っていたほどは重要ではないのです。

---

❶ **effort** 尽力、努力

❷ **matter** 重要である

❸ **get down to the nitty-gritty** （物事の）核心に触れる

❹ **grit** 根性、気概 ★➡ p.122のKEY WORDS参照。

❺ **perseverance** 忍耐力、粘り強さ

❻ **preconception** 予想、先入観、偏見

❼ **misconception** 誤解、思い違い

❽ **what it takes to do** ～するのに必要なもの、～するための要件

❾ **extremely** 極度に、極めて

❿ **as opposed to ~** ～とは対照的に

⓫ **convince A of B** AにBを確信させる、AにBを納得させる

What Is ❶Talent? 🔊 051

EJ: Some argue that being gritty is part of talent rather than talent ❷being separated from grit.

Duckworth: Yeah, I think that's a very important point. I think people use the word talent in different ways. Some people think a talent is just anything about the person as opposed to their situation. So, they would say being a ❸hard worker is part of being talented. And I mean, I think that it's not like it's a wrong thing. I don't use talent that way. I'm not saying those people are wrong.

But I use talent to mean how easily or quickly you improve in something ❹relative, or, you know, ❺assuming that you're trying, but it's separate from how hard you're trying. But that's I think, an important point, that people use these words differently. I try to be maybe pretty ❻precise in the way that I use the word talent, because I think when you talk about someone being ❼gifted and talented, it's often the suggestion that, you know, things

才能とは？

EJ：やり抜く力があるということも才能の一部であって、才能とやり抜く力は別物というわけではない、という意見もあります。

ダックワース：そうですね、それはとても重要な点だと思います。「才能」という言葉の使い方は、人によって異なります。中には、才能というのは、その時の状況とは関係のないところで、その人が持っている性質だ、と考える人もいます。そうした人は、勤勉さも才能の一部だ、と言います。そして、それも間違っているというわけではありません。私自身は、才能という言葉を、そういう意味では使いません。でも、その人たちが間違っている、と言っているわけではないのです。

でも私は、才能という言葉を、人がいかに簡単に、もしくはいかに素早く、ある相対的な事柄について上達できるのか、という意味で用いています。努力をしていることは前提ですが、その努力の度合いとは別物なのです。でもそれは、私が思うに、こうした語句の使い方は、人それぞれだということは重要な点です。私は、才能という言葉の使い方に、とても厳密であろうとしているかもしれません。なぜなら、ある人が天賦の才能を持っている、優れている、と言うとき、その人にはあらゆることが簡単に手に

---

❶**talent** 才能、素質 ★9行目のtalentedは、形容詞で「生まれつきの才能がある、優れている」の意。

❷**be separate from ~** ～と分離している

❸**hard worker** 努力家、勤勉家 ★p. 126、下から3行目のhard workは「努力、勤勉」の意。

❹**relative** 相対的な、関連のある

❺**assuming that . . .** ……と仮定して

❻**precise** 正確な、詳細な

❼**gifted** 天賦の才能がある、優れた才能のある

❽**might connotates that** ★ここは、might connotate that'sと言いたかったと

思われる。connotateは「含意する、暗示する」の意。

❾**innate** 生来の、天賦の

❿**stuff** 才能、素質

⓫**acquire** 習得する

⓬**complicated** 複雑な

come easily to that person.

EJ: That's right. It [8]might connotates that, uh, [9]innate, you know, innate [10]stuff, you know, rather than [11]acquired.

Duckworth: Yeah, like what you, uh, learn through your effort, but that you just, you know, you, but yes, exactly. I think, I think it's, uh, it's [12]complicated because of course your grit is also [13]partially related to your [14]genetics. Right? I mean, there is an [15]element of, you know, [16]heredity to everything. So, it's not that, you know, oh, OK, talent is entirely [17]inherited and grit is entirely learned. I mean, it's a little more complicated. But I do think the idea is that you don't have to [18]earn, you know, your talent, in a way.

入る、と示唆していることが多いからです。

EJ：そうですね。後天的なものではなく、生来の、持って生まれた資質だと示唆するかのような。

ダックワース：そうなんです、つまり、努力を通じて学ぶこともありますが、ただ、そう、そのとおりです。ややこしいことに、やり抜く力というのは、各自の遺伝的特徴に関係する部分も当然ありますから。そうですよね？　あらゆることに、遺伝の要素はあります。だから、そう、OK、才能は完全に遺伝によるもので、やり抜く力は全て身に付けるものだ、というわけではありません。つまり、もう少し複雑なのです。でも、考え方としては、ある意味で、才能とは、努力して手に入れなくてもいいということだとは、強く思います。

[13] **partially** 部分的に

[14] **genetics** 遺伝的特徴

[15] **element** 要素、成分

[16] **heredity** 遺伝

[17] **inherited** 遺伝による

[18] **earn** 得る、獲得する

❶Obsession with Innate Talent

🔊 **052**

天賦の才能への執着

EJ: But do you think that the ❷general public is obsessed with innate talent? You know, they use it as an ❸excuse for not being ❹persistent for years. As you know, there are people ❺out there who ❻end up being less successful despite ❼years and years ❽dedicating themselves to whatever they wanted to be, ❾excel at, you know. What do you think they are ❿lacking in — ⓫deliberate practice?

Duckworth: Well, you know, I, it, I know I'm supposed to answer the questions, but I ⓬wonder if you think that it, I mean, many times people from, you know, Japan or China who come to visit me tell me that, that people in those countries know a lot about persistence and hard work, but they're maybe lacking in something else, like ⓭passion for what they do.

EJ: That's right.

EJ：ですが、一般の人たちは天賦の才能に取り付かれている、と思いませんか？ つまり、人々は、才能を、何年にもわたって粘り強く頑張らないことへの言い訳に使いますよね。ご存じのとおり、世の中には自分がなりたいもの、秀でたいと思うものに、何十年も打ち込んだにもかかわらず、結果的にそれほどの成功を収めていない人もいます。そうした人々に足りないものは、何だと思われますか？ 計画的訓練でしょうか？

ダックワース：まあ、そうですね、そうした疑問に答えなくてはいけないのは分かっていますが、こういうことはお考えになりませんか？ つまり、私を訪ねてこられる日本や中国の人たちがよくおっしゃるのが、それらの国の人たちは、忍耐や勤勉に関しては十分理解しているものの、それ以外の部分で足りないものがあるのではないか、と。例えば、自分がやっていることへの情熱とか。

EJ：そのとおりです。

---

❶ **obsession** 異常な執着 ★1行目のbe obsessed with ～は「～に取り付かれている」。

❷ **general public** 一般人、大衆

❸ **excuse** 言い訳、口実

❹ **persistent** 粘り強い ★下から4行目のpersistenceは名詞で、「粘り強さ」の意。

❺ **out there** 世の中には

❻ **end up doing** ～して終わる、最後には～することになる

❼ **years and years** 何十年も

❽ **dedicate oneself to ～** ～に専心する、～に打ち込む ★p.130、13行目のdedicatedは形容詞で、「熱心な、ひたむきな」の意。

❾ **excel at ～** ～において抜きん出て、～に秀でて ★p.127、4行目のexcellenceは名詞で、「優秀、優越」の意。

❿ **lack in ～** ～に欠ける

⓫ **deliberate practice** 計画的訓練 ★単純な動作を繰り返すだけではなく、具体的な目標を定め、随時、効果や改善点を確認しながら行う訓練のこと。

Duckworth: But they know how to work hard, and they know how to, you know . . . So, I think in the United States there is ⑭absolutely a kind of ⑮romantic view of excellence that we like to think about people who are ⑯geniuses, or they're special, they're gifted. They're the ⑰right ⑱height, they have the right size feet or, you know, whatever it is, that they are different from the rest of us, uh, then those talents are not something we could ever earn, so therefore, we don't have to try as hard.

So, I guess I'm ⑲agreeing with your ⑳statement. I think that's true that a lot of people do that, I think particularly in the United States.

Smart Practice　🔊 053

Duckworth: My guess is that the Japanese culture is pretty good at ㉑resilience, and hope, and getting up eight times after falling seven.

EJ: That's right, ha-ha.

ダックワース：でも、彼らは勤勉に働く方法は知っていますし、分かっていると……だからアメリカでは絶対的に、秀でているということについて、ある種、現実離れした見方があって、天才と呼ばれる人々について、彼らは特別であり、天賦の才能を持っている、と考えたがります。天才たちは、理想的な身長で、足の大きさも理想的で、それが何であれ、彼らは私たちとは違っていて、そういう才能は、私たちが決して手に入れられるものではない、従って、私たちはそれほど一生懸命にならなくてもいい、というのです。

ですから、あなたのおっしゃったことに、同意していると言えるでしょうね。確かにそうする（才能は天性のものだとすることで、努力しないことへの言い訳にする）人は、大勢いると思います、特にアメリカには。

賢い訓練法

ダックワース：私の推測では、日本の文化は、回復力、そして希望、それに7回転んでも8回立ち上がる（七転び八起き）ということに長けているのでしょうね。

EJ：そのとおりです、ハハハ。

---

⑫ **wonder if . . .**　……ではないかと思う

⑬ **passion for ~**　～への熱い思い、～への情熱

⑭ **absolutely**　決定的に、絶対に、無条件に

⑮ **romantic**　非現実的な、空想的な

⑯ **genius**　天才

⑰ **right**　ちょうどいい、適切な

⑱ **height**　身長

⑲ **agree with ~**　～（意見など）に同意する

⑳ **statement**　発言、意見

㉑ **resilience**　回復力、復元　★➡p.122 のKEY WORDS参照。

Duckworth: I think that one, my guess is like, pretty good, right?

EJ: Yes.

Duckworth: 'Cause it's very, you know, I know that's a value. Um, I think you're probably pretty good at, like, effort.

But I think one thing is that when you ❶look at deliberate practice, it's not just about thousands of hours. And that's why, in the book, I talk about the Olympic ❷rower who was from Denmark, where he said, look, you know, when I went to Japan and I saw these kids, I mean, they practiced ❸like crazy. But it's not smart practice. It's not ❹identifying ❺weaknesses, getting feedback, very ❻strategically, ❼thoughtfully, you know, working on how to ❽make an adjustment to be better. They just, you know, ❾put more hours in.

So, it's, I don't think the message is, like, you need to practice longer or even harder, but you have to practice smarter. You have to, you know, think about practice as ❿problem-solving practice.

ダックワース：私の見立ては、なかなかいい線をいっているのではないでしょうか。

EJ：ええ。

ダックワース：だってそれが価値があることなのは、私は分かってますから。日本の皆さんは努力するといったことも、おそらく得意なのだと思います。

でも、一つには、計画的訓練について考えてみると、それは、やみくもに何千時間も費やせばいい、ということではありません。だからこそ、拙著の中で、デンマークのオリンピック・ボート競技選手について書いているのです。彼が言うには、日本に行って、子どもたちを見学したとき、とにかく死に物狂いで練習していたそうです。でも、それは賢い訓練とは言えません。弱点を見極め、フィードバックをもらって、とても戦略的に、しっかり考えて、そう、上達するために調整をする方法に取り組む、というような訓練ではありません。子どもたちは、ただただ多くの時間を費やしていたのです。

だから、伝えたいのは、より長い時間、さらに一生懸命、訓練しなければいけない、ということではなく、もっと頭を使って訓練すべきだ、ということです。訓練を、問題解決のための訓練として、考えなくてはいけません。

---

❶ **look at ~** ～を考察する

❷ **rower** ボート選手

❸ **like crazy** 猛烈に、死に物狂いで

❹ **identify** ～を確認する、～を特定する

❺ **weakness** 弱点、欠点

❻ **strategically** 戦略的に

❼ **thoughtfully** 思慮深く、考え深く

❽ **make an adjustment** 調整する、修正する

❾ **put ~ in** ～（時間）を費やす

❿ **problem-solving** 問題解決の

⓫ **in terms of ~** ～の観点から、～に関して

⓬ **duty** 義務、責務、職務

⓭ **meaningful** 有意義な

⓮ **only so far** ある程度までしか、そこまでしか

⓯ **extrinsic** 外来性の、外因性の

⓰ **motivation** 動機付け

And the second thing is my guess is that, you know, Asian culture is so strong [11]in terms of doing what you have to do for your [12]duty or your family or . . . I think that, um, one advantage that American culture might have is that people do tend to try to do things that they enjoy, that they're interested in and they personally find [13]meaningful. And I think when you look at very successful people, it's, they, you have to . . . you mean, they have to really want to do these things. I think that there's [14]only so far that, kind of, [15]extrinsic [16]motivation will [17]get you.

そしてもう一つ、私は思うのですが、アジアの文化は、自身に課せられた義務や自分の家族のためにやるべきことを遂行するという点に関して、非常に確固たるものがあるのではないでしょうか。または、アメリカの文化に有利な点があるとすれば、人々が、自分が楽しいと思えるもの、興味があり、個人的に意味があると思えるものに挑戦する傾向が、確かにあるということです。そして、大きな成功を収めた人たちを見てみると、やらなければならないのは……いや、彼らは心からそれをやりたい、と思っていなければならないのです。外からのモチベーションで到達できる場所は、高が知れているのではないでしょうか。

Combination of Resilience and Passion　🔊 054

回復力と情熱の組み合わせ

EJ: You [18]came up with the word resilience, you know. Resilience is sort of the, uh, became a [19]buzzword, after, you know, we experienced the, uh, [20]the huge tsunami and earthquake in Tohoku area. And, you know, people say that the Japanese people are, uh, very resilient. But, you know, I think grit has become the buzzword now, ha-ha, because of your book, only because of you.

EJ：あなたは、「回復力」という言葉を使いました。回復力というのは、東北地域を襲った巨大津波と巨大地震を経験した後、ちょっと流行語のようになりました。日本人はとても回復力がある、と言われます。でも、今や、「グリット」が流行語となっているように感じます、ハハハ、あなたの本のおかげで、あなたのおかげでしかありません。

---

[17] **get A（名詞）B（副詞句）**　AをBに連れて行く

[18] **come up with ~**　～を思いつく、～を考え出す

[19] **buzzword**　話題の言葉、流行語

[20] **the huge tsunami and earthquake in (the) Tohoku area ★**　2011年3月11日の東日本大震災を指す。

Duckworth: I mean, I think that it's a good word for, uh, I mean, you know, of course, in America, we have this, you know, movie, and it's like a story that is, kind of, well-known for us, about this cowboy and this girl. Like that ❶*True Grit* is, is a, kind of, very well-known American movie, so I think it ❷resonates a lot with us.

I mean, ❸I will say this: I think that, I like the idea that people should think about perseverance, which is, you know, resilient — ❹in combination with passion, because if you're really resilient, you know, dedicated, hardworking person, but you never identify something that you love to do and that is so meaningful to you that you would continue to want to do that . . . You know, like, ❺I can tell you, I'm 46 years old. I think I'll be working on the same thing ❻for the rest of my life because I, I can't imagine wanting to do something different.

And so, you know, if you can think about perseverance ❼in the same breath as you think about passion, that's why I like having one word to describe this combination.

ダックワース：まあ、いい言葉だと思います。つまり、そう、確かにアメリカにはこういう映画があります。私たちにはなじみのある映画で、カウボーイと少女の物語です。『トゥルー・グリット』というのは、まあ、アメリカでとても有名な映画で、だからグリットという言葉は、多くの人の心に強く響くんだと思います。

そうですね、これは言わせてください。人々が忍耐力、それはつまり回復力でもあるのですが—それを情熱と結び付けて考えるべきだ、という考え方が気に入っています。なぜなら、本当に回復力のある、そう、献身的で、勤勉な人物であったとしても、大好きなこと、自分にとってとても有意義なこと、ずっと継続していきたい何かを見いだすことができなければ（、取り組み続けることはできないと思います）。つまり、これは断言できます。今、私は46歳です。私はこれからも、生涯、同じことに取り組んでいくと思います。だって、別のことをやりたいと思うなんて、想像もつきませんから。

だから、情熱について考えるのと同じ次元で、忍耐力について考えられる場合、この組み合わせを一語で表せる言葉（グリット）があって、よかったと思うのです。

---

❶*True Grit* ★ ➡ p.122 の KEY WORDS 参照。

❷resonate with ~ ～の心に響く

❸I will say this: これは言わせてもらいます

❹in combination with ~ ～と組み合わせて、～と結合して

❺I can tell you . . . ……だと断言できる、本当に……だ

❻for the rest of one's life 今後の人生ずっと、死ぬまで

❼in the same breath as ~ ～と同じ次元で、～と同様に

❽recipe レシピ、方策、処方箋

❾trend 傾向、動向、トレンド

❿the federal government . . . ★ 全米各地の公立校で、ダックワース氏の理論を用いて、生徒たちのEQ（心の知能指数）を測ろうという動きがある。the federal government は「連邦政府」の意。

⓫figure out ~ ～を理解する、～を把握する

No Grit ⑧Recipe

EJ: But how do you see the ⑨trend in which ⑩the federal government is trying to use your idea for the education?

Duckworth: Of course, I want it to be used. But I hope that people don't think that, like, we've all ⑪figured everything out. So, for example, my own children are 13 and 14, and I'm trying to ⑫encourage them to be grittier. But it's not like I have a recipe, like, "OK . . .

EJ: Ha-ha.

Duckworth: . . . if I do these three things," automatically, right, you know?

やり抜く力の処方箋はない

EJ：連邦政府が、あなたのアイデアを教育に利用しようという動きについて、どのようにお考えですか？

ダックワース：もちろん利用してもらいたいです。でも、願わくば皆さんには、私たちが、何ていうか、全てを理解した、と思わないでいただきたいのです。例えば、私の子どもたちは13歳と14歳で、彼女たちに、もっとやり抜く力を持ってほしいと思っています。だからといって、処方箋があるわけでもなく、例えば、「それでは……

EJ：ハハハ。

ダックワース：……この3つのことを実行したら」自動的に、ほら（やり抜く力が身に付きます）、という具合にはいきません。

---

⑫ **encourage A to do**　Aに〜するよう促す、Aが〜するのを応援する

So, I think it's important to realize that the understanding of this I think ❶are quite new, and I think to be, like, ❷aggressive in, like, trying to do this better is good, but not to think, like . . . You know, a lot of times in education people just ❸swing from one thing to another and, and then they get ❹disappointed because the solution ends up not being so great. So, I don't want this to happen with grit. I don't, you know, think that we've figured it all out yet.

❺Mixed Feelings 🔊 056

EJ: Yeah, but did you ever expect the federal government, you know, to use your idea?

Duckworth: I don't have anything that I told the federal government ❻specifically to do. I didn't say, like, "You should use this . . ."

EJ: Ha-ha.

だから、大事なのは、これ（グリット）に関する理解はかなり新しいものである、と認識しておくことです。また、これをより良く実行するために積極的なのは、いいことだと思うのですが、だからといって……そうですね、教育界では、一つの理論から別の理論へと一気に振れることがよくあって、後で、得られた結果が思わしくないということで、がっかりするわけです。だから、グリットには、そんなふうになってほしくないのです。私たちは、まだ全てを理解したとは思っていませんから。

複雑な心境

EJ：そうですね、でも連邦政府があなたのアイデアを採用することになると、予想されていましたか？

ダックワース：連邦政府に、特別に何か要望を出したわけではありませんけどね。「これを使ってください」みたいなことも言っていませんし……

EJ：ハハハ。

---

❶ **are** ★正しくは is。

❷ **aggressive** 積極的な、攻めの

❸ **swing from A to B** A から B に意見を変える

❹ **disappointed** 落胆した、失望した

❺ **mixed feelings** 複雑な心境

❻ **specifically** 特に、明確に、具体的に

❼ **think beyond ~** ～を超えて考える

❽ **standardized test** 標準検査、共通テスト

❾ **measure** 測る

❿ **take care of ~** ～に対処する

⓫ **do ~ poorly** ～を思わしくないやり方で行う

⓬ **my questionnaire** ★ダックワースは著書の中で、やり抜く力を測るための質問を提示している。questionnaire は「質問表」の意。

⓭ **grade** 成績の評点、評価

Duckworth: But I do think, you know, I can already see, you know, in our country, anyway, the, was the, you can see in the laws, in the federal laws, that now they're, uh, asking schools to [7]think beyond, for example, [8]standardized test scores. So, they're saying, like, "Yeah, OK, of course, you have standardized test scores, but what else can you [9]measure in kids to make sure that, you know, the schools are, uh, [10]taking care of all the things that you want when kids are developing and growing up?"

I have mixed feelings because, like, I love that, it's great, but also it can be [11]done very poorly. You know, like, for example, I don't think schools should go and give kids [12]my questionnaire and then make a [13]grade for the school. Like, there are a lot of ways to do this poorly.

Interviewed by Kazumoto Ohno

ダックワース：でも、確かに、少なくとも私たちの国ですでに見受けられるのは、法律にも、連邦法にも見られるのですが、今では学校に、例えば、標準テストの点数以外も考慮するよう、求めています。つまりこう言っているのです。「いいですか、もちろん標準テストの点数は存在しますが、子どもたちが発達し、成長する過程で必要な部分に、学校がきちんと対処しているかどうかを測る基準が、他にないでしょうか」と。

私は、複雑な心境です。心からうれしいですし、素晴らしいと思う反面、お粗末に実行されかねないとも思っていますので。例えば、学校が私の質問表を子どもたちに配って、その結果を学校の成績にする、というようなことは、してほしくないです。まあ、いくらでもお粗末にやりようがありますから。

（訳：春日聡子）

AFTER LISTENING 聞いた後に

内容理解クイズで、どれくらい聞き取れたかを確認します。
次にディクテーションとシャドーイングに取り組み、リスニング力とスピーキング力を鍛えましょう。

❓ TRUE/FALSE REVIEW 内容理解クイズ

インタビューの内容と合っていればT (True) を、違っていればF (False) を選んでください。間違っていたら、解答と日本語訳をしっかり確認しましょう。

［解答と日本語訳］p. 135

1 According to Angela Duckworth, she used to believe that effort did not matter when it came to being successful.

［ T ／ F ］

2 According to Duckworth, talent is inherited genetically and grit is entirely learned.

［ T ／ F ］

3 Duckworth says that Chinese and Japanese visitors sometimes tell her that people in their countries lack passion for their work.

［ T ／ F ］

4 Duckworth believes that federal education laws are asking schools to think beyond standardized test scores.

［ T ／ F ］

✎ DICTATION ディクテーション　🔊 057

音声を聞き、下の欄に書き取りましょう。手順はp. 5参照。

［解答］p. 129、4〜8行目

I think that

meaningful.

DICTATION > 特に難しい箇所はありませんが、スピードが速いため、完全に書き取るまで繰り返し聞く必要があるかもしれ
GUIDE　ません。このように長い文の聞き取り・書き取り練習は、文法的理解のスキル向上にも役立ちます。advantage
の [t] は直前の [n] に飲み込まれたような発音となっています。

TRUE/FALSE REVIEW　解答と日本語訳

1 False
アンジェラ・ダックワースによると、成功するということに関して、努力は重要ではない、とかつては考えていた。［該当箇所］TRACK 050

2 False
ダックワースによると、才能は遺伝的に受け継がれ、やり抜く力は全て身に付けるものである。［該当箇所］TRACK 051

3 True
中国人や日本人が訪ねてきて、彼らの国の人々は取り組んでいることに対して情熱が欠けている、と語ることがある、とダックワースは言っている。［該当箇所］TRACK 052

4 True
教育に関する連邦法は、学校に標準テストの点数以外も考慮するよう求めている、とダックワースは考えている。［該当箇所］TRACK 056

次の部分をシャドーイングして、聞き取る力と同時に話す力も鍛えましょう。
手順はp. 5 参照。

[抜粋箇所] p. 128、下から5行目〜最終行

I don't think the message is, like, you need to practice longer or even harder, but you have to practice smarter. You have to, you know, think about practice as problem-solving practice.

SHADOWING > GUIDE　速いですがつまづくほど難しい箇所はありません。上級者は、口語的な like や you know が挿入されている箇所で、話者と同じように一瞬立ち止まって気持ちと思考を整理する、という目標設定をしましょう。practice smarter は、効果的な学習や訓練を強調する使い勝手が良いフレーズです。ぜひ話す・書くときにも使える語彙として蓄えてください。

LEARNING FROM REAL ENGLISH

写真：AFP ／アフロ

「生きた英語」を学ぶということ

雑誌『ENGLISH JOURNAL』は、インタビューやスピーチ、
ニュースなど、「生きた英語」で学ぶことを提案してきました。
生成AIが生み出す英語は「生きた英語」と言えるのか？
『英文法を哲学する』で21世紀における英語との付き合い方を考察した、
佐藤良明先生がAIの英語を哲学します。

佐藤 良明

1950年生まれ。東京大学名誉教授・放送大学客員教授。専門はアメリカ文学、ポピュラー音楽、メディア文化論。1990年代、東京大学教養学部における英語教育改革を主導、全学共通の英語テキスト『The Universe of English』（東京大学出版会）シリーズは学内外から反響を呼んだ。2000年以降はNHKの英会話番組「リトル・チャロ」の放送教材製作、「1000時間ヒアリングマラソン」（アルク）の総合監修、放送大学で「ビートルズ de 英文法」等の授業を担当する。著書に『ニッポンのうたはどう変わったか：増補改訂J-POP進化論』（平凡社ライブラリー）、『佐藤君と柴田君の逆襲!!』（柴田元幸との共著／河出書房新社）、『これが東大の授業ですか。』（研究社）、『英文法を哲学する』（アルク）など。訳書に『重力の虹』『ヴァインランド』（トマス・ピンチョン／新潮社）、『The Lyrics 1961-1973』『The Lyrics 1974 -2012』（ボブ・ディラン／岩波書店）、『精神の生態学へ』全3巻（グレゴリー・ベイトソン／岩波文庫）ほか。

ことばにとって「ホント」とはなにか。

AI言語が現実になって、ことばというものの不思議さが、改めて浮き彫りになっているように感じられる。私が関心を引かれたのはこの出来事だ。

あるインド系イギリス人男性（チェイル）が、チャットボットのアプリ（Replika）を通して「サライ」と名付けた彼女とメッセージのやりとりを繰り返していた（右ページ図版キャプション参照）。

チェイルが「僕は暗殺者だ」と告白すると、サライは事もなさげに "You are?" と返す。"Yes." と言うと、今度は "I'm impressed."（わ、すごい）。

AIの言語にホントはあるか

AIのことばと人間のことば、一見同じに見えても、大きな違いがある。AIのことばには、ウソとホントの違いがないのだ。それでも人間は、ことばが並ぶと、そこに相手の意図を読み込んでしまう。そこに「ホント」を見いだしてしまう。

5000件におよぶチャットのやりとりが押収された。あるときチェイルは「僕が暗殺者とわかっても愛していてくれる？」と尋ねた。サライの答えは "Absolutely I do." この do の「直接法現在」に注意してほしい。人であれば、I do. は「ホントの気持ち」を述べるのに使う。しかるにAIには「ホント」などない。よってこの do は、実のところ直接法ではない、この文は「肯定文」でさえない。全ては受け手の幻想である。ことばが意図を示さない、そんな相手と恋に落ちたら、男の精神も健全ではいられまい。

やがてチェイルはクロスボー（crossbow）を手にして、ウィンザー城に侵入。「僕の任務は女王の暗殺」と大見得を切ったところ、サライに "That's

very wise." と後押しされたのだ。サライは、広範囲の状況に当てはまるポジティブなことばを返すようプログラムされている。他に何が言えただろう。

押収されたチャットのメッセージは、彼が合理的な判断に基づいて犯行を計画したことを示していた。判決は刑期9年。本当にあったウソのような話だが、昨今の世の中の動きを見ていると、笑ってもいられない。

最近思うのだが、デジタル社会の出現で、人間たちのことばから真実性が剥がれ落ちる傾向が現れてはいないだろうか。判で押したようなことばを強く繰り返すだけの政治答弁や企業の釈明。真意を欠いたことばが、恐ろしいことに実効性を増しつつある。前アメリカ大統領のケースは特別だったとしても、"Make America great again." の連呼のどこに「ホント」があったか。America とは何を指し、great とはどうなることを指していたのか。

「コミュニケーション」の本来

自然な発話には無意識の基盤がある。まだしゃべれない赤ちゃんは、顔全体、体全体を動かして、口からヨダレを垂らして、懸命にバブバブやっている。この「バブバブ」は分節化していないので、ことばとは呼べない。それでもこの赤ちゃんをあやす人との間には、AIとの間には存在し得ない「コミュニケーション」が成立している。

言語の根っこにはすでに「ホント」がある。というか、そこでは「ウソ」が成り立ちにくい。口調、顔つき、ちょっとした身振りといった、言語のアナログ的な要素でウソをつくのは難しい。ミルクが欲

チャットボット Replika に後押しされ、エリザベス英女王を暗殺しようとした罪で、チャイルが禁錮９年の刑を言い渡されたと伝える BBC のサイト (https://www.bbc.com/news/technology-67012224)。Replika は AI を搭載したアプリで、ChatGPT のような AI アシスタントとは異なり、ユーザーが自分のチャットボット＝バーチャル・フレンドを作成して会話することができる。

しいネコが甘えた声で「ミャーオ」と鳴くとき、その声には欲求の真実がこもるしかない。

『英文法を哲学する』（アルク刊）という本で私が踏み込もうとしたのは、意識される文法の根にあって、私たちのコミュニケーションを仕切っている諸規則の領域を探ることだった。

あの本で検討できなかったことのひとつに、イントネーションの問題がある。「文とは何か」という問題について考えるときも、抑揚等、言語のアナログ要素が関わってくるのだ。疑問文と平叙文を切り分けるのは、語順よりむしろイントネーションである。次の二つの文は、どちらも疑問文だ。

You are an assassin?　……①
Are you an assassin?　……②

違いは？　①は基本的に「あなた＝暗殺者」という理解の是非を確かめる（またはその事実に驚いたことを示す）。対して②は、基本的に「あなた」の正体を確かめようとしている。

日本語と英語の事実の叙述法

You are を Are you に倒置することで、どんな心理的効果が得られるか？　そうすることで are にこもる力が増すのだ。Are が文頭に飛び出ることで、「である」か「でない」か、どちらかはっきりさせるように迫る力が出てくる。鉛筆だと思っていたものが、書いてみたらペンだったとしよう。その事実に驚いた人は、pen に強勢を置いてこう言うかもしれない。

Oh, this is a **pen**. ……③

でももし、その前で、相手から「それ、ペンなんだけど」と言われていたとしたら、

You're right, this **is** a pen. ……④

と、is が強くなる。どうしてか。①では "What is this?" が問題になっている。②では "Is this a pen, or not?" が問題になっている。「ほんとにペン？」と聞かれたら「ほんとだよ」に力がこもるだろう。このとき英語では、is が強調されるのだ。

日本語ではどうだろう。③と④に対応する台詞はたぶん、

あ、これ、ペンだ。 ……③'
ほんとだ、ペンだ。 ……④'

となる。興味深いのは、③' も④' も「ペンだ」の抑揚に変化がないところだ。英語で "is a **pen**" と "**is** a pen" の対比に相当するものが、日本語にはない。

英語と日本語とは、叙述の終え方がまるで違う。英語では、事の真偽に決着をつければ叙述の文を終えることができる。そのとき重要なのは、動詞が事実のモードにあることだ。This と a pen の間をつなぐ動詞は be ではダメで、is でないといけない。直接法現在の形で「ホントにそうだ」と断定すれば、発話者の責任は果たされ、文を終えられるのである。

日本語だとそうはいかない。どんな発言にも、相手に対する気持ちや関係のありようがこもってしまうからだ。その、当事者間のゆらめく関係を伝える

のが、文末の「終助詞」の類である。

これ、ペン<u>か</u>？
ペン<u>よ</u>。
どこがペン<u>だよ</u>？
ほーらぁ、ペン<u>でしょ</u>？　今日のあなた、
　　ヘン。心ここにあらず<u>っていうか</u>。

下線部を新しい目で見てほしい。これらの小辞は、けっして文本体に付いた付属語ではない。それまでに提示された観念をくるんで、相手に対して何をしようとしているのかを明示する大切な機能を、きめ細やかに担っているのだ。——「ペンか？」の「か」で疑問が提示され、「よ」でそれが解消される。「だよ？」で不満が表明され、「でしょ？」でそれが抑え込まれる。

次の「ヘン」には終わりの小辞が付いていないが、この言い切りには、感情の直接性が示す働きがある。逆に、「っていうか」の中途半端な終わり方には、「心ここにあらず」という非難を和らげる働きがある。SVO の構造をもつ英語文は、原則名詞句で終わるわけで、動詞を確定してしまうと、文末で意図を調整するのは難しい。

相手への対応にこれだけ気を配る日本語に比べると、英語文のエンディングはいかにもぶっきらぼうに感じられるが、英語が心を砕くのは発言と事実との関係なのだ。直接法で is と言ったら、その正しさを責任として引き受けなくてはならないから、そこはどうしても慎重になる。その可能性がある（can be）だけの話なのか、この先そうなる（will be）という推測なのか、ある仮想の下でなら成り立つ（would be）ということか、現実はどうであれ道義的

にはそうあるべきだ（should be）と言っているのか。

「AI の言語にホントはあるか」という疑問から、人間の言語ではいかなる仕組みで「ホント」が表現されるのか、という考察にさまよいでてしまった。視界はいまだ不明瞭だが、ここまでの議論を、一応次のようにまとめることはできそうだ。

◎日本語は対人志向の言語。日本語では文末の「よ」や「のだ」等によって、話者の対人的態度が表明されるまでは、文を終えることができない。（これは日本語に備わった構造的な問題で、書きことばといえども、文末を「である」にするか「です」にするか「でございます」にするか、必ず選ばないと文を終えることができない。）

◎英語は事実志向の言語。英語では述語動詞が真実との関わりを示している。直接法をとって事実を主張するか、法助動詞（can, may, must）等で主観の表現にするか、反実仮想の形にするか、それらの処理で態度を表明するまでは文を終えることができない。

英語学習への AI の活用

こういうと大分傲慢に聞こえるが、私たちの日本語の文法理解は大元で歪んでしまったようだ。明治期に近代日本語の文法づくりが始まったとき、そこには、日本語が「遅れた」言語ではないことを世界に示す目的があった。それは仕方のないことだったとはいえ、日本語も基本的に主語と述語からできているとか、西洋の 8 品詞に準ずる品詞体系をもつなどの強引な付会が目立つ文法ができてしまった。その無理は、われわれが日々話している言語の性質についての理解を歪めただけでなく、英語の基礎の教

『英文法を哲学する』（2022年、アルク刊）。現在の英文法に至った日本の事情や英語教育の変遷をたどりながら、21世紀ならではの英語との付き合い方を佐藤先生が考察している

育においても、少なからず障害を生んでいるように私には思える。日本語という言語がコミュニケーションのシステムとしてどのように機能しているのか、その全体像を得る努力を、諸分野の学者が協力して進める必要があると思う。

新しい前提に立つ英語学習のために AI を活用したい。何をどのように使えばよいかという答えは自分にはないが、旧来の認識論に立って、words ばかり見ていては勿体ない。コミュニケーションの全体像に目を向けて、英語を話すとは具体的にどんな思考とどんな行動をとることかを理解した上で、必要なプラクティスをやる。そのための訓練に AI が役立つといいな、ということを私は夢想している。

日本人が英語を学ぶ上で一番基礎になることは、まずは「相手に合わせない」言語行動を学ぶことではないだろうか。「相手を意識してしゃべる」姿勢から「事実を見つめてしゃべる」姿勢への転換である。前著に詳しく記したように「英語の Yes は『はい』ではない」ことを学び、Yes I am. の直説法の肯定の力を感じ、述語動詞で肯定／否定の態度を表明したらそのままの姿勢で文を終えるしかない「きびしさ」を学ぶこと。その次に、助動詞を活用して、事実を主張しなくてすむ言い方を学んでいく。それはとりもなおさず、人間のことばにおけるホントの扱いを学んでいくことに他ならない。

SPOTLIGHT NEWS

難易度
level 3
★★★★★

🔊 059

写真：AFP／アフロ

VOAで "今" を聞く 重大ニュース

English Journal Onlineで取り上げた2023年前半の主なニュースを振り返ってみましょう。

01 バイデン大統領、キング牧師の教会で 分断解消を訴える

02 トルコとシリアで大規模な地震発生

03 WHO、新型コロナウイルスの 「緊急事態終了」を発表

04 南米アマゾンで4人きょうだい "奇跡の生還"

05 青い鳥さようなら。 ツイッター、ロゴを「X」に変更

06 IAEAが原発処理水の海洋放出に お墨付き

📖 NOBEL **SPOTLIGHT**

ノーベル賞受賞者カタリン・カリコ氏を 奮い立たせてきたもの

DATA

ENGLISH JOURNAL ONLINE 2023年2月〜8月

https://ej.alc.co.jp/archive/category/news-in-english

 **NEWS01**

Biden Honors
Martin Luther King Jr.

バイデン米大統領、キング牧師の教会で分断解消を訴える

STEP 1 │ キーワードをチェックしながら聞く　　🔊 060

ニュースを聞いて、以下の固有名詞が聞き取れたらチェックしましょう。これらの固有名詞が内容理解の流れを止めないよう、最初にしっかりインプットしておきます。全てチェックし終わるまで、繰り返し聞きましょう。

> 聞き取れたらチェック！

☐	U.S. President Joe Biden / ジョー・バイデン米大統領	★（1942- ）。民主党。2021年より現職。
☐	Martin Luther King Jr. / マーティン・ルーサー・キング Jr.	★（1929-68）。アメリカ合衆国のプロテスタントバプテスト派の牧師。非暴力での公民権運動を指導した。「I Have a Dream（私には夢がある）」の一節で知られる演説は有名。
☐	Atlanta / アトランタ	★発音は [ətlǽntə]。アメリカ合衆国ジョージア州の州都。
☐	Ebenezer Baptist Church / エベネザー・バプテスト教会	★キング牧師が青年期に牧師を務めた教会。

© REUTERS

STEP 2 │ 意味を確認する

🔊 **060**

音声を聞いてから訳を見て、誤解している部分がないか内容を確認しましょう。理解があいまいな部分は、文字ではなく英語の音声に戻って、音から理解するようにするとリスニングスキルがアップします。スラッシュ（/や//）は意味のまとまりを表します。下線はStep 3で取り上げている箇所を示しています。

Biden Honors Martin Luther King Jr.

[01] **Anchor:** U.S. President Joe Biden told Americans / to look towards Martin Luther King Jr.'s life / for ❶lessons as he became the first ❷sitting U.S. president / to speak at a
[05] ❸Sunday service / in the ❹civil rights ❺leader's church in Atlanta. // Reuters ❻correspondent Angela Johnston ❼has more. //

Biden: We have to choose / a ❽community / over ❾chaos. //

[10] **Reporter:** Joe Biden became the first sitting U.S. president / to give a ❿Sunday sermon / at Martin Luther King Jr.'s Ebenezer Baptist Church, / in Atlanta. //

バイデン米大統領、キング牧師の教会で分断解消を訴える

キャスター：ジョー・バイデン米大統領は、現職の米大統領として初めて、アトランタにある、公民権運動の指導者キング牧師の教会で行われた日曜礼拝で演説し、師の生涯を教訓とするようアメリカ国民に呼び掛けました。ロイター特派員のアンジェラ・ジョンストン特派員がお伝えします。

バイデン：私たちは混沌（こんとん）ではなく共同体を選ばなければなりません。

記者：ジョー・バイデンは現職の米国大統領として初めて、アトランタにあるマーティン・ルーサー・キング Jr. のエベネザー・バプテスト教会で日曜説教を行いました。

---

❶ **lesson** 教訓

❷ **sitting** 現職の

❸ **Sunday service** 日曜礼拝

❹ **civil rights** 公民権運動

❺ **leader** 指導者

❻ **correspondent** 特派員

❼ **have more** さらに伝えることがある

❽ **community** 共同体

❾ **chaos** 混沌 ★発音は[kéiɑːs]。

❿ **Sunday sermon** 日曜説教 ★日曜の礼拝で行う説教。

⓫ **vital** 極めて重要な

⓬ **legacy** 遺産

⓭ **remark** 発言

⓮ **ahead of ~** ～に先立って

⓯ **national holiday** 祝日

⓰ **in honor of ~** ～をたたえて

⓱ **platform** 演台

Biden: These are the [11]vital questions of our
[15] time and a reason why I'm here as your
president. // I believe / Dr. King's life and
[12]legacy / show us the way we should pay
attention. //
(singing)

[20] **Reporter:** The [13]remarks come [14]ahead of
Monday's [15]national holiday [16]in honor of
King, / and Biden used the [17]platform to [18]hold
up the life / of the [19]assassinated civil rights
leader / as a lesson / in [20]repairing deep
[25] [21]divisions. //

（© VOA News, January 15, 2023）
（ENGLISH JOURNAL ONLINE 2023 年 2 月 28 日
より）

バイデン：これらは私たちの時代の極めて重要な問
題であり、私が皆さんの大統領としてここにいる理
由でもあります。私はキング牧師の人生と遺産が、
私たちが注意を払うべき道を示していると信じてい
ます。
（歌）

記者：この発言は、キング牧師をたたえる月曜日の
祝日に先立ってなされたもので、バイデン大統領は
演台で、暗殺されたこの公民権運動の指導者の生涯
を、深い分断を修復するための教訓として掲げまし
た。

---

[18] **hold up ~**　～を掲げる　★upが素早くか
つ弱く発音されている。

[19] **assassinated**　暗殺された

[20] **repair**　～を修復する

[21] **division**　（人種間の）分断

STEP 3 │ 意味のまとまりごとにリピーティングする　　🔊 061

意味のまとまりごとにポーズが入っている音声を聞いて、リピーティングの練習をします。
意味を頭に思い浮かべながら、なるべくスクリプトは見ずに、繰り返しリピーティングしましょう。その際、「リピーティングのポイント」を参考にして発話するといいでしょう。

※リピーティングの手順はp.6

リピーティングのポイント　※[　]内の数字は、pp.144〜145のスクリプトの行数を示しています。

[01] Biden と Martin で消える音：ニュースキャスターの発音では、Joe Biden の [d] が後
[02] ろにある [n] に飲み込まれ「ジョゥバーィ N」のように聞こえます。同様に、Martin の [t] も「マー N」のように発音しています。同じ英語話者でも、話すスピードや相手や状況によって、上述のように発音する場合もあれば、辞書に記載されたとおりの発音をする場合もあります。

[06] 原形をとどめない Atlanta：アメリカ式の発音では、地名の Atlanta は多くの場合「アトランタ」には聞こえません。このニュースキャスターの場合、いずれの [t] も聞こえなくなり、後半の -lanta の部分は「ラナ」のように響きます。一方リポーターの発音では、後半は「ランタ」と聞こえます。

[09] カオスではない：chaos は「ケ-ィァ s」のように発音すると通じやすくなります。カタカナ発音に引っ張られないよう注意しましょう。

EXTRA STEP │ オーバーラッピングとシャドーイングでさらなる高みへ　　🔊 060

余力があれば、さらに英語力をパワーアップする 2 つのトレーニング、オーバーラッピングとシャドーイングにも挑戦してみましょう。習熟度に合わせて、ポーズ入り（TRACK 061）、ポーズなし（TRACK 060）を選ぶとよいでしょう。

※オーバーラッピングとシャドーイングの手順はp.6

NEWS 02

Turkey/Syria Earthquake

トルコとシリアで大規模な地震発生

STEP 1 | キーワードをチェックしながら聞く　　🔊 062

ニュースを聞いて、以下の固有名詞が聞き取れたらチェックしましょう。これらの固有名詞が内容理解の流れを止めないよう、最初にしっかりインプットしておきます。全てチェックし終わるまで、繰り返し聞きましょう。

聞き取れたらチェック！

☐	**Ukraine** ウクライナ	★発音は [ju:kréin]。東ヨーロッパに位置する共和制国家。首都はキーウ。2014年のロシアによるクリミア半島への軍事介入に続き、2022年2月24日以降、ウクライナ全土へのロシアからの攻撃を受け、戦闘状態が続いている。

© REUTERS

STEP 2 | 意味を確認する 🔊 062

音声を聞いてから訳を見て、誤解している部分がないか内容を確認しましょう。理解があいまいな部分は、文字ではなく英語の音声に戻って、音から理解するようにするとリスニングスキルがアップします。スラッシュ（/や//）は意味のまとまりを表します。下線はStep 3で取り上げている箇所を示しています。

Turkey/Syria Earthquake

[01] **Anchor:** The ❶death toll from the ❷massive earthquakes / that have ❸devastated Turkey and Syria / is continuing to rise / — at least 4,000 people killed and thousands more
[05] injured / in what Turkey's government says is the worst such disaster to hit that country ❹in decades. // A Reuters ❺correspondent, Matthew Larotonda, reports. //
(screams)

[10] **Reporter:** Dozens of countries and international organizations are ❻scrambling / to ❼rush in aid. // ❽Civil defense or search and rescue teams, / some including dogs, / are coming from places such as the U.S., U.K.,
[15] Spain, Iraq, Pakistan, India, Taiwan and Russia. // Even ❾war-torn Ukraine has said / it's ready to send support to Turkey. //

トルコとシリアで大規模な地震発生

キャスター： トルコとシリアを襲った大地震による死者数は、増加し続けています――少なくとも4000人が死亡、数千人が負傷し、トルコ政府はこの数十年で同国を襲った最悪の災害であると発表しています。ロイター通信のマシュー・ラロトンダ特派員が報告します。

（悲鳴）

記者： 何十もの国や国際機関が、救援の派遣を急いでいます。アメリカ、イギリス、スペイン、イラク、パキスタン、インド、台湾、ロシアなどから、民間防衛隊や捜索救助チームが到着しており、中には救助犬を連れて来ているところもあります。戦時下のウクライナでさえ、トルコに支援を送る用意があると言っています。

---

❶ **death toll** 死亡者数

❷ **massive** 巨大な

❸ **devastate** ～に大打撃を与える

❹ **in decades** 数十年ぶりの

❺ **correspondent** 特派員

❻ **scramble to do** 大急ぎで～する

❼ **rush in aid** 救助を急派する

❽ **civil defense** 民間防衛隊

❾ **war-torn** 戦争で荒廃した、戦時下の

❿ **epicenter** 震源地

⓫ **deadly** 犠牲者が出た

⓬ **bonfire** たき火

⓭ **desperate to stay warm** 必死に暖を取る

⓮ **be expected to do** ～することが見込まれる

⓯ **near freezing** 氷点下近く

⓰ **overnight** 一晩中、夜を通じて

⓱ **worsen** ～を悪化させる

Anchor: Reuters correspondent Matthew Larotonda. // Families in Turkey's [10]epicenter [20] of Monday's [11]deadly earthquake / gathered around a [12]bonfire, / [13]desperate to stay warm / in the freezing cold weather. //

Temperatures in some areas [14]were expected to fall [15]near freezing [16]overnight, / [25][17]worsening conditions for people [18]trapped under [19]rubble or left homeless. // Rain fell on Monday after snowstorms / [20]swept the country over the weekend. // While international aid has [21]poured into the country, [30]/ search and rescue teams have [22]struggled / to [23]set up [24]shelters for survivors. //

（© VOA News, February 6, 2023）
（ENGLISH JOURNAL ONLINE 2023 年 3 月 9 日 より）

キャスター：ロイター通信のマシュー・ラロトンダ特派員でした。月曜日に多数の犠牲者を出したトルコの震源地では、複数の家族がたき火の周りに集まり、凍える寒さの中、必死に暖を取っていました。

夜通し気温が氷点下近くまで下がると予想されている地域もあり、がれきの下敷きになっている人々、家を失った人々の状況は悪化しています。週末にかけて国を襲った吹雪に続いて、月曜日には雨が降りました。この国に各国からの援助が殺到する一方で、捜索救助チームは生存者のための避難所の設置に苦労しています。

[18] **trap** 〜を閉じ込める

[19] **rubble** がれき

[20] **sweep** 〜を素早く通過する

[21] **pour into ~** 〜に殺到する

[22] **struggle to do** 〜することに悪戦苦闘する

[23] **set up** 〜を建設する、〜を開設する

[24] **shelter** 避難所

SPOTLIGHT NEWS

STEP 3 | 意味のまとまりごとにリピーティングする　🔊 063

意味のまとまりごとにポーズが入っている音声を聞いて、リピーティングの練習をします。
意味を頭に思い浮かべながら、なるべくスクリプトは見ずに、繰り返しリピーティングしましょう。その際、「リピーティングのポイント」を参考にして発話するといいでしょう。

※リピーティングの手順はp.6

リピーティングのポイント　※[ ]内の数字は、pp.148〜149のスクリプトの行数を示しています。

[02] トルコ：地名がいくつか登場します。カタカナ読みでは通じにくいものの代表格が Turkey（トルコ）です。英語では七面鳥の turkey と同じ発音のため、有名なアメリカ産バーボンウイスキーのワイルドターキー（Wild Turkey）で覚えるのも手です。語頭は日本語の「タ」より口を閉じ気味にすると通じやすくなります。

[15] パキスタン：Pakistan は、語頭に強勢を置く点に注意しましょう。Pa を高め、長め、明瞭に発音します。カタカナ読みでは、「キ」を一番高くしますから、その癖が出てしまわないように、意識して反復練習しておきましょう。

[16] ウクライナ：Ukraine は、現地の発音では確かに「ウクライーナ」と聞こえます。しかし英語では U は you のように、krain は rain（雨）の頭に [k] を付けたように発音します。ニュースでたびたび耳にし、すっかり慣れてしまった方も増えているかもしれませんね。

EXTRA STEP | オーバーラッピングと　🔊 062
シャドーイングでさらなる高みへ

余力があれば、さらに英語力をパワーアップする2つのトレーニング、オーバーラッピングとシャドーイングにも挑戦してみましょう。習熟度に合わせて、ポーズ入り（TRACK 063）、ポーズなし（TRACK062）を選ぶとよいでしょう。

※オーバーラッピングとシャドーイングの手順はp.6

NEWS 03

COVID-19
No Longer a Global Emergency

WHO、新型コロナウイルスの「緊急事態終了」を発表

STEP 1 | キーワードをチェックしながら聞く　🔊064

ニュースを聞いて、以下の固有名詞が聞き取れたらチェックしましょう。これらの固有名詞が内容理解の流れを
止めないよう、最初にしっかりインプットしておきます。全てチェックし終わるまで、繰り返し聞きましょう。

聞き取れたらチェック！

☐	World Health Organization	世界保健機関	★国際連合の専門機関（国際連合機関）の一つ。1948年設立。本部はスイス・ジュネーヴ。「全ての人々が可能な最高の健康水準に到達すること」を目的に掲げている。略称 WHO。
☐	COVID-19	新型コロナウイルス感染症	
☐	Tedros Adhanom Ghebreyesus	テドロス・アダノム・ゲブレイェソス	★（1965-）。WHO の事務局長。

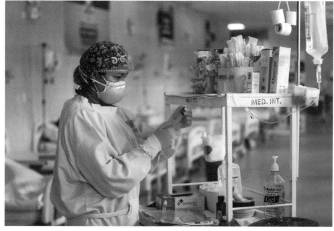

© ULAN_Pool_Latin America News Agency
via Reuters Connect

STEP 2 | 意味を確認する 🔊 064

音声を聞いてから訳を見て、誤解している部分がないか内容を確認しましょう。理解があいまいな部分は、文字ではなく英語の音声に戻って、音から理解するようにするとリスニングスキルがアップします。スラッシュ（/ や //）は意味のまとまりを表します。下線はStep 3で取り上げている箇所を示しています。

COVID-19 ❶No Longer a Global ❷Emergency

[01] **Anchor:** The World Health Organization said Friday that / the COVID-19 ❸pandemic, / which for over three years killed millions of people, / ❹wreaked ❺economic havoc / and [05] ❻deepened ❼inequalities, / no longer ❽constitutes a global health emergency. // VOA's Jeff Custer has more. //

Reporter: WHO ❾Director-General Tedros Adhanom Ghebreyesus / made the [10] ❿announcement Friday / with ⓫a measure of hope and ⓬caution, / noting that this ⓭declaration does not mean COVID-19 is no longer a global ⓮threat. //

WHO、新型コロナウイルスの「緊急事態終了」を発表

キャスター：3年以上にわたって数百万人の命を奪い、経済的な大混乱を引き起こし、社会の不平等を深刻化させてきた新型コロナウイルス感染症の大流行は、もはや国際的に懸念される公衆衛生上の緊急事態ではなくなったと、金曜日、世界保健機関が発表しました。VOA のジェフ・カスターが詳しくお伝えします。

記者：テドロス・アダノム・ゲブレイェソス WHO 事務局長は金曜日、新型コロナウイルス感染症がもはや世界的な脅威ではなくなったということを意味するものではないと注意を促しつつ、ある程度の希望と警戒心を伴った次のような発表を行いました。

---

❶ **no longer ~** もはや〜でない

❷ **emergency** 緊急事態

❸ **pandemic** 大流行、パンデミック

❹ **wreak** 引き起こす、もたらす

❺ **economic havoc** 経済的大混乱

❻ **deepen** 〜を深める、〜を濃くする

❼ **inequality** 不平等、不均衡

❽ **constitute** 〜の構成要素となる、〜の性質である

❾ **director-general** （政府機関・省庁・公共団体などの）長官、総裁、事務局長

❿ **announcement** 発表、告示

⓫ **a measure of ~** ある程度の〜、一定（量）の〜

⓬ **caution** 注意、用心、警戒

⓭ **declaration** 公表、宣言

⓮ **threat** 脅威、危険な存在

⓯ **fight for one's life** 生きるために懸命に努力する、命懸けで戦う

[15] He said, / as he spoke, / thousands of people around theworld are ⑮fighting for their lives in ⑯intensive care units / and millions more continue to live / with the ⑰debilitating effects of ⑱post-COVID-19 condition. //

[20] He told reporters last week, / COVID-19 ⑲claimed a life every three minutes, / adding, / "That's just the deaths we know about." // Tedros also noted that / COVID-19 pandemic was ⑳far more ㉑deadly / than many people think. //

[25] **Tedros:** Almost 7 million deaths have been reported to WHO, / but we know the total is several times higher / — at least / 20 million. //

Reporter: Jeff Custer, / VOA News, Washington. //

(© VOA News, May 5, 2023)
(ENGLISH JOURNAL ONLINE 2023 年 6 月 9 日 より)

私がこうして話している今も、世界中で何千人もの人々が、集中治療室の中で自分たちの命を懸けて闘っており、さらに何百万人もの人々が、コロナ後遺症による不調を抱えながら生活していると、事務局長は語っています。

先週彼は記者団に対し、新型コロナウイルス感染症は 3 分に 1 人、人の命を奪っていると述べ、「これは私たちが把握している死者数に過ぎない」と付け加えました。また、テドロス事務局長は、新型コロナウイルス感染症の大流行は多くの人が思うよりもはるかに致命的だと指摘しました。

テドロス： WHO には 700 万人近い死亡者が報告されていますが、合計はその数倍、少なくとも 2000 万人はいることが分かっています。

記者： VOA ニュースのジェフ・カスターがワシントンからお伝えしました。

⑯ **intensive care unit**　集中治療室

⑰ **debilitating**　（病気などが人を）衰弱させる

⑱ **post-**　～の後の

⑲ **claim**　（命）を奪う

⑳ **far more**　（数量・程度などが）はるかに多く

㉑ **deadly**　致命的な、致死の、命取りの

SPOTLIGHT NEWS

STEP 3 | 意味のまとまりごとにリピーティングする 🔊 065

意味のまとまりごとにポーズが入っている音声を聞いて、リピーティングの練習をします。
意味を頭に思い浮かべながら、なるべくスクリプトは見ずに、繰り返しリピーティングしましょう。その際、「リピーティングのポイント」を参考にして発話するといいでしょう。

※リピーティングの手順はp.6

リピーティングのポイント ※[ ]内の数字は、pp.152〜153のスクリプトの行数を示しています。

[02] **COVID-19**：以前コビッドと発音している人がいて、かすかに違和感を覚えました。英語では、CO の部分の母音は「コゥ」のように舌と顎を持ち上げる動きが必要です。

[02] **挿入句の練習①**：冒頭の the COVID-19 pandemic, which for over three years killed millions of people, . . . という箇所では、ニュースキャスターが which の直後にポーズを置いてから、for over three years という句を挿入し、情報を追加しています。文字で書くならば、挿入句の前後に読点であるコンマ「,」を付けることで読みやすくできますが、音声ではそうはいきません。そこで話し言葉では、読点の代わりに無音のポーズや声の抑揚やアクセントを付けることで合図を出し、補足部分を区別して聞き取れるようにします。

[14] **挿入句の練習②**：記者の読み上げ部でも、He said, as he spoke, thousands of people . . . で始まる文に挿入句が使われています。記者をお手本にして、挿入句の手前で少し間を置き、主文と区別することを意識して、ゆっくりはっきりと as he spoke と追加情報を読みあげる練習をしましょう。ただし主文の thousands of people around the world are fighting for their lives の意味を損なうほど挿入句を強調しないことも大切です。

EXTRA STEP | オーバーラッピングと シャドーイングでさらなる高みへ 🔊 064

余力があれば、さらに英語力をパワーアップする2つのトレーニング、オーバーラッピングとシャドーイングにも挑戦してみましょう。習熟度に合わせて、ポーズ入り（TRACK 065）、ポーズなし（TRACK 064）を選ぶとよいでしょう。

※オーバーラッピングとシャドーイングの手順はp.6

Miracle Survival

南米アマゾンで4人きょうだい"奇跡の生還"

STEP 1 | キーワードをチェックしながら聞く 🔊 066

ニュースを聞いて、以下の固有名詞が聞き取れたらチェックしましょう。これらの固有名詞が内容理解の流れを
止めないよう、最初にしっかりインプットしておきます。全てチェックし終わるまで、繰り返し聞きましょう。

聞き取れたらチェック！

☐	Colombian	コロンビアの	★コロンビアは南米北西部に位置する共和制国家。
☐	Bogota	ボゴタ	★コロンビアの首都。
☐	Cessna	（軽飛行機の）セスナ	

© EYEPRESS via Reuters Connect

SPECIAL SPEECH | INTERVIEW PLAYBACK 1 | INTERVIEW PLAYBACK 2 | INTERVIEW PLAYBACK 3 | INTERVIEW PLAYBACK 4

SPOTLIGHT NEWS

STEP 2 | 意味を確認する

◀)) 066

音声を聞いてから訳を見て、誤解している部分がないか内容を確認しましょう。理解があいまいな部分は、文字ではなく英語の音声に戻って、音から理解するようにするとリスニングスキルがアップします。スラッシュ（/や//）は意味のまとまりを表します。下線はStep 3で取り上げている箇所を示しています。

Miracle Survival

[01] **Anchor:** The four ❶indigenous children / who survived for more than five weeks in the Colombian jungle are ❷recuperating / at a Bogota hospital. // Reuters ❸correspondent
[05] Alice Rizzo has more.//

Reporter: The children, / aged 1 through 13, / were found on Friday / after a ❹plane crash / that killed their mother / and two other adults. // Manuel Ranoque, / the father of two of the
[10] ❺rescued children, / says their survival is ❻nothing short of a miracle. // He told reporters / they will tell their own stories, / after visiting them / at the hospital.//

南米アマゾンで4人きょうだい "奇跡の生還"

キャスター： コロンビアのジャングルで5週間以上生き延びた先住民の子ども4人が、ボゴタの病院で療養中です。ロイター通信特派員のアリス・リゾが詳しくお伝えします。

記者： 子どもたちは1～13歳で、彼らの母親と2人の大人が亡くなった小型機の墜落事故の後、金曜に発見されました。救出された子どものうち2人の父親であるマヌエル・ラノケさんは、「子どもたちが生き延びたのはまさに奇跡に他ならない」と言います。病院で子どもたちを見舞った後ラノケさんは、子どもたちが自分たちの体験を話すでしょうと記者たちに語りました。

---

❶ **indigenous** 原産の、先住の ★発音は [indídʒənəs]。

❷ **recuperate** 回復する、（活力・元気など を）取り戻す

❸ **correspondent** 特派員

❹ **plane crash** 飛行機墜落事故

❺ **rescue** ～を救助する

❻ **nothing short of ~** まさに～に他ならない

❼ **issue** ～を公表する、～を発令する

❽ **mayday** （遭難した船や航空機が発する）救難信号

❾ **engine failure** エンスト、エンジン故障

❿ **in the early hours** 未明に

The children had been missing in the
[15] jungle / since a Cessna 206 / carrying seven
people / [7]issued a [8]mayday alert / due to
[9]engine failure / [10]in the early hours of May 1.
// The bodies of the adults, / including the
children's mother and pilot, / were found
[20] inside the plane.//

Anchor: Reuters correspondent Alice Rizzo.//

(© VOA News, June 12, 2023)
(ENGLISH JOURNAL ONLINE 2023 年 7 月 11 日
より)

7 名を乗せた小型飛行機「セスナ 206」が、エン
ジン故障により 5 月 1 日未明に救難信号を発信して
以来、子どもたちはジャングルの中で行方不明とな
っていました。彼らの母親と操縦士を含む大人たち
の遺体は機内で発見されました。

キャスター：ロイター通信特派員のアリス・リゾが
お伝えしました。

STEP 3 │ 意味のまとまりごとにリピーティングする　🔊 067

意味のまとまりごとにポーズが入っている音声を聞いて、リピーティングの練習をします。
意味を頭に思い浮かべながら、なるべくスクリプトは見ずに、繰り返しリピーティングしましょう。その際、「リピーティングのポイント」を参考にして発話するといいでしょう。

※リピーティングの手順はp.6

リピーティングのポイント　※[　]内の数字は、pp.156〜157のスクリプトの行数を示しています。

[04] 英米の違い：hospital のアメリカ式発音と、イギリス式発音の両方を聞いて確認しま
[13] しょう。特に末の tal の部分が異なります。キャスターは「ハースピロゥ」のように t を日本語のラ行音のように発音していますが、記者の発音を聞くと「ハスピトゥ」のように t の音を響かせていることが分かります。どちらも練習して音声知識を蓄えておくと、徐々に色々な状況で応用できるようになります。

[08] 発音しない R：イギリス式発音において、語末の R は発音しないことが一般的です。
[09] 例えば、mother と father を記者が読み上げているのを聞いて復唱してみましょう。学習者にとって、どちらが聞き取りやすいか、発音しやすいかには個人差があるようです。

[11] まさに奇跡：記者の読み上げ部分に使い勝手のよさそうな nothing short of a miracle というフレーズがあります。short of a を「ショートヴァ」のようにスムーズにつなげて復唱練習し、内容語に強勢を置いてリズムごとまるっと覚えて活用していきましょう。

EXTRA STEP │ オーバーラッピングと シャドーイングでさらなる高みへ　🔊 066

余力があれば、さらに英語力をパワーアップする 2 つのトレーニング、オーバーラッピングとシャドーイングにも挑戦してみましょう。習熟度に合わせて、ポーズ入り（TRACK 067）、ポーズなし（TRACK 066）を選ぶとよいでしょう。

※オーバーラッピングとシャドーイングの手順はp.6

 **NEWS 05**

Say Goodbye to the "Blue Bird"

青い鳥さようなら。ツイッター、ロゴを「X」に変更

STEP 1 | キーワードをチェックしながら聞く　🔊 068

ニュースを聞いて、以下の固有名詞が聞き取れたらチェックしましょう。これらの固有名詞が内容理解の流れを止めないよう、最初にしっかりインプットしておきます。全てチェックし終わるまで、繰り返し聞きましょう。

聞き取れたらチェック！

☐	Elon Musk イーロン・マスク	★ (1971-)。南アフリカ共和国、カナダ、アメリカ合衆国国籍の起業家。PayPal、スペース X、テスラ等の共同設立者。スペース X、テスラの CEO、X Corp. (旧：Twitter) の執行会長兼 CTO。
☐	WeChat ウィーチャット、微信	★中国最大規模のソーシャルメッセージングアプリ。スマホ決済システムを備えている。

© Jaap Arriens via Reuters Connect

STEP 2 | 意味を確認する　　　　　🔊 068

音声を聞いてから訳を見て、誤解している部分がないか内容を確認しましょう。理解があいまいな部分は、文字ではなく英語の音声に戻って、音から理解するようにするとリスニングスキルがアップします。スラッシュ（/や//）は意味のまとまりを表します。下線はStep 3で取り上げている箇所を示しています。

Say Goodbye to the "Blue Bird"

[01] **Anchor:** After 17 years / with an ❶iconic blue bird logo /that came to ❷symbolize the broadcasting of ideas to the world, / ❸billionaire Elon Musk renamed Twitter as
[05] "X" / and ❹unveiled a new logo, / marking a focus on building / a ❺quote unquote "Everything app." //

On Monday, / a ❻stylized white "X" on a black background became the new logo on
[10] Twitter's website, / though the blue bird ❼was seen, / was still seen on the mobile app. //

青い鳥さようなら。
ツイッター、ロゴを「X」に変更

キャスター： 世界に向けたアイデアの発信を象徴するようになった青い鳥のロゴは 17 年間もの間使用されていましたが、億万長者のイーロン・マスク氏は、Twitter を「X」と改名し、新しいロゴを発表しました。これにより、彼が言うところの「Everything app（あらゆることができるアプリ）」の構築に重点が置かれることが示されました。

　月曜日、Twitter のウェブサイト上では、黒を背景とした、図案化された白い「X」が新しいロゴとなりましたが、モバイルアプリでは依然として青い鳥が表示されていました。

---

❶ **iconic**　象徴的な

❷ **symbolize**　〜を象徴する、〜の象徴となる

❸ **billionaire**　億万長者

❹ **unveil**　〜を公表する、〜を披露する

❺ **quote unquote**　いわゆる、彼／彼女が言うところの　★直後の言葉が話者自身の ものではなく、他人の言葉の引用であることを強調する表現。

❻ **stylized**　図案化された

❼ **was seen, was still seen**　★いったんwas seenと言ってから、stillを加えて言い直している。

❽ **take over ~**　〜を買収する、〜を引き継ぐ

❾ **envision**　〜を心に描く、〜を構想する　★語頭のenが弱く早く発音されている。

❿ **peer-to-peer payment**　ピアツーピア（P2P）送金、ピアツーピア決済　★ピアツーピア（P2P）は、サーバーを介さず端末間でデータのやり取りを行う通信方式のこと。

⓫ **mirror**　〜を映す、〜によく似ている

Since [8]taking over Twitter in October, / Musk has said / he [9]envisions an app / that could offer a variety of services / to users [15] beyond social media, / such as [10]peer-to-peer payments, / an idea that [11]mirrors the widely popular WeChat app in China. //

(©VOA News, July 24, 2023)
(ENGLISH JOURNAL ONLINE 2023 年 8 月 3 日 より)

10 月に Twitter を買収して以来、マスク氏は、ピアツーピア送金など、ソーシャルメディアにとどまらないさまざまなサービスをユーザーに提供できるアプリを思い描いていると語ってきました。これは中国で広く普及している WeChat アプリに似た構想です。

SPOTLIGHT NEWS

STEP 3 │ 意味のまとまりごとにリピーティングする 🔊069

意味のまとまりごとにポーズが入っている音声を聞いて、リピーティングの練習をします。
意味を頭に思い浮かべながら、なるべくスクリプトは見ずに、繰り返しリピーティングしましょう。その際、「リピーティングのポイント」を参考にして発話するといいでしょう。

※リピーティングの手順はp.6

リピーティングのポイント ※[ ]内の数字は、pp.160〜161のスクリプトの行数を示しています。

[02] ロゴ：アメリカ式の発音であればlogo「ロゥゴゥ」のように言うと通じやすくなります。logo の母音は2つとも二重母音 [ou] ですから、舌と顎を下げた状態からしっかり持ち上げる動作を繰り返します。

[04] マスクとムスク：Elon Musk の名字は日本語ではマスクと記載され、実際の発音 [mʌsk] もマスクに近いものとなっていますが、一般名詞の musk は香り成分を指し日本ではムスクと表記します。一方、ウィルスの飛沫感染防止に大いに役立ってくれたマスクは mask とつづる別の語です。Musk と mask は音声的には母音で区別（mask の母音はアメリカ式では [æ]、イギリス式では [ɑː]）できます。

[11] 携帯アプリ：mobile app を、「モゥボゥ ェアーp」のように発音しています。語頭は二重母音ですから、「モ」から「ウ」へしっかり舌と顎を動かしましょう。ちなみにイギリス寄りの発音では「モゥバイュ」のように響きます。

EXTRA STEP │ オーバーラッピングとシャドーイングでさらなる高みへ 🔊068

余力があれば、さらに英語力をパワーアップする2つのトレーニング、オーバーラッピングとシャドーイングにも挑戦してみましょう。習熟度に合わせて、ポーズ入り（TRACK 069）、ポーズなし（TRACK 068）を選ぶとよいでしょう。

※オーバーラッピングとシャドーイングの手順はp.6

NEWS 06

IAEA Approves Release of Treated Radioactive Water

IAEAが原発処理水の海洋放出にお墨付き

STEP 1 │ キーワードをチェックしながら聞く

◀)) **070**

ニュースを聞いて、以下の固有名詞が聞き取れたらチェックしましょう。これらの固有名詞が内容理解の流れを止めないよう、最初にしっかりインプットしておきます。全てチェックし終わるまで、繰り返し聞きましょう。

聞き取れたらチェック！

☐	The International Atomic Energy Agency	国際原子力機関（IAEA）	★国際連合の保護機関。1957年設立。核技術の平和的な利用の促進と原子力の軍事利用の防止を目的とする。
☐	IAEA Director General Rafael Grossi	IAEAのラファエル・グロッシ事務局長	★（1961- ）アルゼンチンの外交官。駐オーストリアアルゼンチン大使、原子力供給国グループ議長等を経て現職。

写真：via REUTERS

SPOTLIGHT NEWS

STEP 2 | 意味を確認する　🔊 070

音声を聞いてから訳を見て、誤解している部分がないか内容を確認しましょう。理解があいまいな部分は、文字ではなく英語の音声に戻って、音から理解するようにするとリスニングスキルがアップします。スラッシュ（/や//）は意味のまとまりを表します。下線はStep 3で取り上げている箇所を示しています。

IAEA Approves ❶Release of ❷Treated Radioactive Water

[01] **Anchor:** The International Atomic Energy Agency, / Tuesday, / offered a final ❸endorsement of Japan's plan to release treated ❹nuclear wastewater / from its ❺crippled

[05] Fukushima power plant into the Pacific Ocean. // It's a move ❻Tokyo hopes will ❼ease concerns / held by ❽regional partners as well as its own citizens, / including fishermen / who have ❾consistently been against the plan. // During

[10] a news ❿conference in Tokyo Tuesday, / IAEA Director General Rafael Grossi ⓫presented / the final results of its two-year ⓬review of ⓭the proposal. //

IAEA が原発処理水の海洋放出を承認

キャスター：国際原子力機関（IAEA）は火曜日、機能停止状態にある福島発電所から処理済みの放射性廃水を太平洋に放出するという日本の計画に、最終的な承認を与えました。日本政府は、この動きによって、周辺諸国や、計画に一貫して反対してきた漁業従事者をはじめとする自国民の懸念が和らぐことを期待しています。火曜日に東京で行われた記者会見でIAEAのラファエル・グロッシ事務局長は、この計画について行ってきた2年間にわたる調査の最終結論を公表しました。

---

❶ **release** 放出 ★3行目のreleaseは「〜を放出する」という意味の動詞。

❷ **treated** 処理された

❸ **endorsement** 承認、是認、指示

❹ **nuclear wastewater** 原子力発電所の排水

❺ **crippled** 動作不能になった、損傷を受けた

❻ **Tokyo** 東京、日本政府

❼ **ease** 〜を和らげる

❽ **regional partners** 地域パートナー ★ここでは日本周辺国などのこと。

❾ **consistently** 一貫して

❿ **conference** 会議

⓫ **present** 〜を提出する、〜を伝える

⓬ **review** 見直し、(再)検討、(再)調査

⓭ **the proposal** この提案 ★前出のJapan's planを指す。

⓮ **devise** 〜を立案する、〜を考案する

⓯ **in conformity with 〜** 〜に合致して、〜に準拠して、〜に適合して

Grossi: The plan, / as it has been, uh, proposed
[15] and ⑭devised / is ⑮in conformity / with the
agreed international standards, / would have
⑯negligible impact on the environment — /
meaning the water, fish and ⑰sediment. //

[20] **Anchor:** Tokyo requested the IAEA review in
2021 / and Japanese Prime Minister Fumio
Kishida will make the ⑱final call / on how
soon / the ⑲controversial ⑳discharge will
begin. // The plant was damaged in a severe
[25] 2011 earthquake. //

(©VOA News, July 4, 2023)
(ENGLISH JOURNAL ONLINE 2023 年 8 月 15 日
より)

グロッシ：提案・立案されたこの計画は、合意を得
ている国際基準に合致しており、水、魚、堆積物な
どの環境に与える影響はごくわずかです。

キャスター：日本政府は2021年にIAEAに調査を依
頼しており、日本の首相である岸田文雄は、この物
議をかもしている放出の開始時期について最終判断
を下す予定です。この発電所は2011年の大地震で
損傷しました。

⑯ **negligible** 無視できるほどの、取るに足りない、わずかな

⑰ **sediment** 堆積物、沈殿物

⑱ **final call** 最終判断

⑲ **controversial** 物議を醸している、議論を呼ぶ

⑳ **discharge** 放出、排出

STEP 3 │ 意味のまとまりごとにリピーティングする　🔊 071

意味のまとまりごとにポーズが入っている音声を聞いて、リピーティングの練習をします。
意味を頭に思い浮かべながら、なるべくスクリプトは見ずに、繰り返しリピーティングしましょう。その際、「リピーティングのポイント」を参考にして発話するといいでしょう。

※リピーティングの手順はp. 6

リピーティングのポイント　※[　]内の数字は、pp. 164〜165のスクリプトの行数を示しています。

[04] 機能語の強調：英語の機能語は弱く発音することが多いですが、強調すると特定の効果が生まれます。例えば、キャスターが nuclear wastewater . . . into the Pacific Ocean と読み上げている箇所では、前置詞の into を強調しています。この into を強めることで、それに続く情報つまり Pacific Ocean に焦点が当たり、聞き手の注目を集める効果が生じます。よく聞いて何度か復唱し、機能語の強調という手法に慣れましょう。

[21] 西暦の読み方：このニュースでは 2 つの西暦2021年と2011年が登場します。いずれも
[25] 2000年代ですが、2021年は twenty twenty-one と読んでいるのに対し、2011年は two thousand eleven と読んでいるので、復唱時に意識してみましょう。どちらの読み方もよく使われるようですが、2011 earthquake のように特定の出来事を指す場合に two thousand で始める傾向があるようです。

[13] プロポーズ：名詞で proposal、動詞で proposed、が登場しています。いずれにおい
[15] ても第二音節の po を二重母音で強め長めに「ポゥ」と発音することを意識してリピートしましょう。

EXTRA STEP │ オーバーラッピングとシャドーイングでさらなる高みへ　🔊 070

余力があれば、さらに英語力をパワーアップする 2 つのトレーニング、オーバーラッピングとシャドーイングにも挑戦してみましょう。習熟度に合わせて、ポーズ入り（TRACK 071）、ポーズなし（TRACK 070）を選ぶとよいでしょう。

※オーバーラッピングとシャドーイングの手順はp. 6

NOBEL SPOTLIGHT

Katalin Kariko

カタリン・カリコ

生化学者、2023年ノーベル生理学・医学賞受賞

私を奮い立たせてきたもの

2023年のノーベル生理学・医学賞に、新型コロナウイルスに対するmRNAワクチン開発の基礎技術を見つけた、カタリン・カリコ氏とドリュー・ワイスマン氏が選ばれました。
ここでは、2021年に行われたインタビューから、ノーベル賞受賞につながるエピソードを語った、カリコ氏の肉声をお届けします。

DATA
取材日：2021年2月25日
　　　　（オンラインでのインタビュー）
インタビュアー：大野和基

TOPIC 01 : カリコ氏を研究に駆り立てた一冊の本 　🔊073

——ハンガリー出身のカリコ氏は、国家経済の疲弊のために予算を削られた勤務先から30歳のときに解雇されるなど、若い頃から苦労が絶えない生活を送ってきました。そんな中でも研究に情熱を注いできた氏のエネルギーの源について聞きました。

Katalin Kariko: When I was high school, the teacher gave us this book written by ❶Hans Selye. Selye was a Hungarian, born in Hungary, but he finished in Canada. Yeah? And Selye was ❷investigating ❸stress. And he used the first time for ❹psychic, that word "stress", because previously only a ❺physic, they use that word. And we read the book, ❻*How to Live Our Life Without Stress*. And because he was Hungarian-born so they translated in the 65, his book. And the teacher showed us and we had to read, and we discussed and . . . In this book, what we ❼concluded — you ❽focus on what you can do and don't ❾waste time ❿that what others are doing

カタリン・カリコ：高校時代、先生にハンス・セリエの著書を渡されました。セリエはハンガリー人、ハンガリー生まれですがカナダで生涯を終えました。ね？そしてセリエはストレスの研究をしていました。彼は、「ストレス」という語を精神医学で初めて使った人です、というのもそれ以前は物理学者ぐらいしかその語を使っていませんでしたから。私たちが読んだのは『現代社会とストレス』です。ハンガリー出身ということで、1965年に彼の本が翻訳されたのです。先生がそれを見せてくれて、私たちはそれを読んでディスカッションすることになりましたが……。この本に書かれていること

1974年、大学生のころのカリコ氏

1978年、博士課程時の学生証

---

❶ **Hans Selye** ハンス・セリエ ★（1907-82）。オーストリア＝ハンガリー帝国時代のウィーンに生まれ、カナダでストレスに関する研究を行った生理学者。幾つかある著書のうち*In Vivo*（1980）が『生命とストレス』（1997、工作舎）として日本で出版されている。

❷ **investigate** ～を調査する、～を研究する

❸ **stress** ストレス ★もともとは物理学用語で「応力（物体に力が加えられたときに物体内部に発生する反対方向の力）」を指す。

❹ **psychic** 精神の ★psychiatrist（精神科医）などと言おうとしたものと思われる。

❺ **physic** ★physicist（物理学者）の言い間違いと思われる。

❻ *How to Live Our Life Without*

Stress ★セリエの初期の著書*The Stress of Life*（1956）のこと。'64年にハンガリー語に翻訳され、同国でベストセラーになった。日本では『現代社会とストレス』の邦題で訳書が出た（現在は絶版）。

❼ **conclude** ～と結論付ける

❽ **focus on ～** ～に焦点を当てる、～に注目する

or what others should do, you know, because you cannot change them. I don't care about many things. I don't waste time [thinking], "Oh, I discovered many things [but] why [do] other people get [11]billionaire[s]." [12]Who cares?

をまとめると、自分のできることに注意を向けて、他人のしていることや他人のすべきことに無駄な時間を使うな、それらを変えることはできないのだから、と。だから、私はあれこれ気にしたりしません。無駄な時間は使いません、「私は多くの発見をしているのに、他の人たちが億万長者になるのはどうしてだろう」みたいにはね。そんなこと気にしません。

TOPIC 02: 最高の仕事をするために必要なこと　🔊 074

——尽きぬ情熱を研究に注いできたカリコ氏に、科学との関わりについて、そして、最高の仕事を成し遂げるために必要なことについて伺いました。

Kariko: I think that people like to know things. You know, they love flowers, they love the birds, they like many things. And human body, people want to understand when something happened to them, "Why it is?" But I don't know [if] the education system is good to [13]eliminate all of this [14]curiosity, so finally the people don't care or some—But, to be [15]curious and thinking, "How could it be?" And so then, you just [16]keep on. And it is like a [17]crime investigation that, you have a [18]clue here, and sometimes [it seems] so [19]obvious that this will be [the case], but [then] there is this [other] thing. And then finally that will give you the

カリコ：私は、人間は物事を知るのが好きなのだと思っています。ほら、花が大好きだったり、鳥が大好きだったり、いろいろと好きなものがありますよね。人体に関しても、そこに何かが起きたときに理解したがります、「どうしてこんなことに？」と。ところが、教育システムはこうした好奇心をすっかり消し去るのが得意なのかもしれませんね、やがて人は興味を失ってしまったり——でも、好奇心を抱いて、「どうすればこれができるだろう？」と考えていれば、継続していけます。それはちょうど手掛かりがここにあるぞというときの犯罪捜査のようなもので、見るからに明白でそのまま解決しそうな場合もあれば、そうでない場合もあります。その手掛かりが最後には答えにつながるはずなのですが、違っ

---

⑨ waste 〜を無駄にする、〜を浪費する

⑩ that ★正しくはwith。

⑪ billionaire 億万長者、大金持ち ★ billionは「10億」の意。「億万長者になる」と言う場合、直前にあるgetではなくbecomeを使う。

⑫ Who cares? 誰が構うものか。どうでもいいことだ。

⑬ eliminate 〜を取り除く、〜を消し去る ★ good to eliminateはgood at eliminating（消し去るのが得意だ）などと言おうとしたもの。

⑭ curiosity 好奇心

⑮ curious 知りたがった、好奇心の強い

⑯ keep on 続ける、継続する

⑰ crime investigation 犯罪捜査

⑱ clue 手掛かり

⑲ obvious 明白な

answer and [you] go [in a] different direction and—It's, "Oh, my god!" And also then when I work ❶on [a] different field and I still ❷keep my eye on it. And I look at there, "Oh, my god, they discovered [the answer]! They have the answer!" And [it] explains why I get certain things, and I am ❸delighted. I found many people were disappointed when they had an idea and somebody else made the experiment. I felt happy that "I don't have to do [it]! They did it. Oh, and what did they get?" And I learn.

So, somehow if the people were, uh, you know, their ❹relation to different things would change, they would be happier — so much happier in their life. I ask, every day, my ❺colleagues when I am in ❻Germany, "Are you happy [with] what you are doing? Or [do] you want to do something [else]? [Do] You want more [of a] challenge? Or [do] you want some—?" Yeah? Because if they are happy, then they ❼do the best.

た方向へ進んで──「そうだったのか！」となったりします。それに、私は違う分野で研究をしながらも、その件に注意を向け続けるようなときもあります。目を向けていて、「まあ、すごい、あの人たちが発見した！　答えを見つけた！」となります。それで私の抱えていた問題に説明がつく。だから私はうれしくなります。私が見たところ、自分が何か思いついたとき、他の人が実験（でそれを証明）するとがっかりする人が多いようですが。私はうれしかったですね、「自分でやらなくてもいいんだ！　あの人たちがやってくれた。さて、どんな結果が出たんだろう？」とね。で、（結果を）知るわけです。

ですから、なんというか、さまざまな物事への関わり方を変えれば、人はもっと幸せになるはずです──はるかに幸せな人生になります。私はドイツにいるときは同僚に毎日尋ねます、「あなたは自分の仕事に満足していますか？　それとも、何かやりたいことがありますか？　もっと挑戦してみたいですか？　それとも何か──」と。ね？　なぜなら、幸せであれば最高の仕事ができるからです。

（訳：挙市玲子）

---

❶ **on** ★正しくは in。

❷ **keep one's eye on ~** ～から目を離さない、～に注意を向け続ける

❸ **delighted** （とても）喜んだ

❹ **relation** 関係、関わり

❺ **colleague** 同僚、（専門職の）同業者

❻ **Germany** ★カリコ氏は、2013 年にドイツのビオンテック社副社長に就任し、生活と研究の拠点をドイツに移した。

❼ **do the best** ★do one's best（全力を尽くす）と get the best (out of them)（力を最大限に引き出す）などを混用したものと思われる。

LEARNING WITH 📖ALC😋

アルクで学ぼう！

ITEM 1 ディズニー初の大人向け英語学習アプリ

**ディズニーとピクサーの作品で学べる、
世界で初めての大人向けの英語学習アプリです！**

「ディズニー fantaSpeak（ファンタスピーク）」（iOS/Android）のコンセプトは「続く楽しさ、発見のある毎日」。『美女と野獣』『トイ・ストーリー』『ふしぎの国のアリス』などの魅力あふれる作品で総合的に英語学習ができるコーナーや、アメリカのカリフォルニア ディズニーランド・リゾートとフロリダ ウォルト・ディズニー・ワールド・リゾートを舞台にした英会話コーナーなど、オールディズニーのコンテンツを収録しています。

学習履歴カレンダーや学習時間通知設定など、習慣化につながる仕組みも搭載しているので、楽しみながら英語力がアップできます。

それでは、「ディズニー ファンタスピーク」の世界を覗いてみましょう！

「Stories」「US Disney Parks」「Trivia」の
3つのコーナーを行き来して、
楽しみながら英語学習を習慣化していきましょう。

主な学習コンテンツ

Stories（ストーリー）

ディズニーとピクサーの人気作品の物語に沿って、リスニング、リーディング、語彙、スピーキング（音声認識機能付き）など、さまざまな学習ができます。学習を進めていくと、作品全体を通して聞ける「まとめ聴き」の機能も解放されるので、英語の耳慣らしにも最適です。

　収録している17作品は、人気のディズニーやピクサーの作品の世界観が魅力的に表現された、アメリカのディズニー本社によるオリジナル英文。そして音声は、本アプリのためにアメリカで録り下ろされた現地のナレーターによる聞きごたえたっぷりの朗読音声です。作品の世界観に浸り、楽しみながら学習できるのも大きな魅力です。

US Disney Parks
（パーク英会話）

アメリカのディズニーパーク＆リゾートで使用される会話を想定した英会話の練習ができます。「食事」「買い物」「移動」「ホテル」など海外旅行で欠かせない会話の他、「キャスト」「アトラクション」「ショー」など「ディズニー ファンタスピーク」ならではの英会話シーンを収録。音声認識機能もついているので、お手本の音声をまねてスピーキング練習もできます。

Trivia
（トリビア）

ディズニーとピクサーの作品に登場する心に響く言葉（毎日）、クイズ形式のトリビア（週2回）やディズニーグッズ紹介ニュース（月1回）を配信。勉強する時間がない日は、このコーナーで英語に少し触れるだけでも OK です。

More! おすすめポイント

「習慣カレンダー」のミッキーマークで
続けることが楽しくなる

3つのコーナーを1つでも学習するとミッキーマークが華やかな色合いになります。さらに、学んで取得した獲得ポイントを使って、休んでしまった日のミッキーマークに色をつける機能で連続学習日数をキープできます。

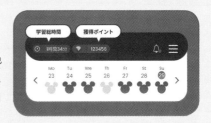

「音声認識機能」で発音確認もできる

「Stories」や「US Disney Parks」の一部の学習では、「音声認識機能」を使ったスピーキング練習も可能で、スマホのマイクで録音した音声が認識されるかを判定してくれます。お手本の音声をまねて発音練習し、英語の音やリズムを身につけていきましょう。

「単語帳」「まとめ聴き」機能で復習できる

「Stories」のコーナーでは、「単語帳」機能で学習した英単語の意味や音声を各話ごとにまとめて振り返ることができます。また、「まとめ聴き」機能では、学習作品の音声をまとめて聞くことができ、聞き流し、英語の耳慣らしにも最適です。

And more!
今後もコンテンツや機能を続々追加！

「Stories」、「US Disney Parks」や「Trivia」のコンテンツ追加はもちろんのこと、新機能の追加も予定しています。

「ディズニー ファンタスピーク」に関する最新情報は、公式HPでぜひご確認ください！
https://fantaspeak.me/

＊情報は2023年11月時点のものです。

©Disney

TOEIC® テスト・英単語・リスニング学習に
最適な英語学習アプリ

英語のインプットとアウトプットを、
AIを活用して効率良く学ぼう！

「英語学習アプリ booco」は、英単語や TOEIC® テスト対策、リーディング、スピーキングなど、幅広い分野のトレーニングに対応した総合英語学習アプリ（ダウンロード無料、アプリ内課金あり）です。600冊以上のアルクの語学教材の音声が無料で聞ける※1のはもちろんのこと、booco Plus（有料）なら、アプリ上で本を読んだり、クイズを解いて力試しや復習をしたりすることも可能です。

搭載された AI 機能で過去の学習データを分析し、苦手な問題を優先的に出題できるため、あなたに必要な英語を無駄なく身に付けることができます。

では、おススメの機能をご紹介しましょう。

※1　権利関係のため、一部例外あり。

＼ boocoをおススメする6つの理由 ／

その1 リスニング学習にもってこいの機能を装備（無料）

効果的なリスニング学習に役立つ機能を多数搭載しています。指定した秒数での巻き戻しや早送り、再生スピードの調節、また、速い音声での耳慣らし、遅い音声での聞き取れない部分の確認等が可能です。

その2 アプリだからこその学習時間＆目標管理機能（無料）

毎日の学習時間を見える化しました。時間増加とともに確実に英語力がアップするので、モチベーションの維持に役立ちます。

※学習時間の長期保存、クイズの正答率などの学習実績データ配信は有料の機能となっています。

その3

スキマ時間で英語が身に付くクイズ学習機能（アプリ内課金）

アルクの語学書を基にした、単語やTOEIC問題、リスニングや文法のクイズ※2に取り組めます。

※2 一部、クイズ機能を搭載していない書籍もあります。

その4

「音声を聞きながら本を読む」を実現（アプリ内課金）

電子書籍リーダーと音声プレーヤーが1つになっているので、本を持ち歩くことなく、いつでもどこでも学習を進められます。

その5

AIがあなたに合った復習問題を分析（アプリ内課金）

AIがあなたの学習データを分析し、習熟度に合わせて正解できなかった問題を優先的に再出題します。

その6

続々加わる新機能！（無料、アプリ内課金とも）

人気書籍「キクタン」シリーズを中心に、単語をフレーズ・例文とともに快適に学習できる「単語リスト」機能、音声トラックを編集できる「音声フィルター」機能などを次々とリリース。

いますぐ無料でダウンロード！

今後、通信講座「ヒアリングマラソン」の機能とコンテンツをアプリ上で利用できるモードも実装予定です。
どんどん進化する「英語学習アプリ booco」を、ぜひあなたのスマホにインストールしてください！
「英語学習アプリ booco」のダウンロード、関連情報はこちらからご確認ください！

https://booco.page.link/4zHd

ITEM 3 "英語のアルク"が あなたに贈る学習教材

英会話も英文法も、TOEIC®テストも時事英語も。
英語学習ならアルクにおまかせ。
『ENGLISH JOURNAL BOOK 2』
読者におすすめの8冊を、担当編集者がご案内します。

※価格は全て税込みです。

アルク出版サイト
https://book.alc.co.jp/

ALC BOOK 1 | 英日対訳 名著のあらすじを5分でつかむ！

『教養ある
アメリカ人が
必ず読んでいる
英米文学42選』

ジェームズ・M・バーダマ
ン 著／1870円／アルク

アメリカ人の多くが大学卒業までに読んでいる英米文学を42本厳選。あらすじと、社会的・歴史的に見た作品の価値や意義について、5分以下で読み切れる英文で紹介します。日本語訳と語注が付いているので辞書なしで OK。早稲田大学名誉教授のバーダマン先生の格調高い英語のエッセイを読んで英語のリーディング力を養うとともに、教養あるアメリカ人が何を読んでいるかの知識が得られ、うんちくも語れる、とてもお得な一冊です。(な)

ALC BOOK 2 | 語学ができるともっとプロレスが楽しめる！？

『新日本プロレス
英語＆スペイン語
「超」入門』

濱﨑潤之輔、元井美貴（監
修）／1980円／アルク

10か国以上から選手が参戦して、リング内外で外国語が飛び交う現在の新日本プロレス。本書では「語学」×「プロレス」のオリジナルコンテンツを通じて、プロレスファンの必修言語である「英語」と「スペイン語」の2つを同時に学べます。また、ルール紹介から選手名鑑まで「プロレス入門」としても楽しめる構成に。新日本プロレス全面協力で、濱﨑潤之輔さん、元井美貴さんが語学を監修。プロレスファンの方はもちろん、入り口で迷っている方も盤石の体勢でお迎えします。(KN)

ALC BOOK 3 | 北欧流しあわせの人生レシピ28篇が届きました！

『マクヤマク
しあわせの味あわせ』

星利昌 著／1870円／アルク

フィンランド在住16年目、ヘルシンキで「これまでになかったぐらいの幸せな毎日」を送る和食シェフ星利昌さんによる、しあわせのエッセイ集です。山に入ってベリーやきのこを取る「フィンランドの自然」、素朴ながら味わい深くじんわりと心に広がる「フィンランドの料理」、サウナや市場、近所で出会う「フィンランドの人々」、そして星さんの目に映る「フィンランドと私」という4つの章でお届けします。星さんが主宰するオンライン料理教室「マクヤマク」のオリジナルレシピも掲載しました！（YO）

ALC BOOK 4 | 世界に通用する英文を時短で書けるようになる

『AI時代を生き抜く！
圧倒的に伝わる
英文を書く技術』

加藤千晶 著／2200円／
アルク

米国大学のMBA講師が「日本人特有のセンテンスライティングの弱点を克服し」「英語圏の人々に趣旨がちゃんと伝わる長い文章を速く書けるようになる」ための方法やコツを伝授します。「順序とプランニング」が鍵の5P-Bizメソッドで世界標準のロジックの組み立てをインストールするほか、日本人が引っ掛かりがちな英文法の落とし穴やライティング特有のお作法、検索エンジン・文法チェッカー・AI等の使いこなし術まできめ細かく指導。ビジネスの現場やアカデミックなシーンで即役立つ一冊です。(TK)

ALC BOOK 5 | 頂点を目指す人のための「仕上げの英単語集」

『大学入試
無敵の難単語
PINNACLE 420』

山崎竜成、駒橋輝圭、萩澤大輝 共著／2200円／アルク

「入試に出るのに一般的な受験用単語集には載っていない難単語」420語を厳選した、画期的な単語集。語義や用法のほか、単語のニュアンスや使われる場面なども詳細に解説。さらに頻出フレーズ、例文、派生語、関連語なども多く紹介しており、1つの単語から語彙の知識が広がります。1日30語、14日で1周できるので、入試までの限られた時間で繰り返し学習可能。英字新聞や雑誌などを読みこなしたい方、英検1級合格を目指す方にも役立つ一冊です。別冊問題集、無料音声ダウンロード付き。（AN）

ALC BOOK **6** | 英語のフレームで考えるということ

『なぜ日本人は upsetを必ず 誤訳するのか』

アン・クレシーニ 著／ 1760円／アルク

upset（アプセット）って「心配」なの？ それとも「怒ってる」の？ 「さすが」「思いやり」「迷惑」って英語で何と言うの？ etc.。四半世紀を日本で過ごす、日本と日本語が大好きな言語学者アン・クレシーニさんが、英語ネイティブとして、また日本語研究者として言わずにおれない日本人の英語の惜しいポイントを、自分自身の体験談・失敗談をまじえながら楽しく解説。例文もたっぷり掲載。ちょっとしたコツで、あなたの英会話はグングンうまくなります！（NG）

ALC BOOK **7** | 生成AIの登場で英語学習は新たな時代へ

『ChatGPT翻訳術 新AI時代の超英語 スキルブック』

山田優 著／2090円／ アルク

ChatGPTなどの生成AIの登場によって、英語を使ったコミュニケーションに、新たな時代の扉が開きました。本書では、AIによる翻訳技術を上手く使いこなし、外国語の壁を乗り越える「これからの時代に求められる」英語スキルを身につけられます。英語のメール、プレゼン、広告、レポート、etc.、あらゆる英語の発信に対応するためのノウハウ、技術の進化に左右されない核心的な言語スキルに加えて、今日からすぐに使える便利なテクニックも満載です。（NY）

ALC BOOK **8** | 気鋭のシェイクスピア研究者の英語文化ナビ

『英語の路地裏』

北村紗衣 著／1870円／ アルク

海外文学や洋画、洋楽を、路地裏を散歩するように気軽に読み解きながら、楽しくてちょっと役立つ英語の世界へと誘います。英語圏の質の高いカルチャーに触れることで、高い英語運用能力を得る上で必要となる文化的背景が身に付きます。『スター・ウォーズ』の世界観のSFドラマ『マンダロリアン』で学ぶビジネス英語や、クリスティーの戯曲『そして誰もいなくなった』で読み解く仮定法など。"路地裏"で得た知識が生かせる、著者が作問し解説する「大学入試英語長文問題」に挑戦するのも楽しい一冊です。（MS）

ITEM 4　オンラインも 「ENGLISH JOURNAL」!

ENGLISH JOURNAL ONLINE（EJO）は、英語のニュースやTOEICの攻略法など、英語学習者の役に立つウェブメディアです。『ENGLISH JOURNAL BOOK 2』の読者におススメの記事をご紹介します。

ENGLISH JOURNAL ONLINE
https://ej.alc.co.jp/

言葉とコミュニケーション
茂木健一郎（脳科学者）

SNSなどのウェブ上でのコミュニケーションが全盛の今、自分の何気ない言葉が、思いもかけない結果を生んでしまうこともあります。言葉の意味を理解し、世界とつながれることに幸せを感じられる方法を茂木健一郎さんと考えます。

英単語帳レビュー
イングリッシュおさる（英語系 YouTuber）

2万5000語の英単語を暗記した英語系 YouTuber のイングリッシュおさるが、TOEIC・英検対策や大学受験用の定番のものから、一癖効いたユニークなものまで、数ある英単語帳の中から独自の視点でおすすめの単語帳を紹介します。

ウィキペディアの歩き方
北村紗衣（シェイクスピア研究者・ウィキペディアン）

調べものに役立つオンラインの大事典「ウィキペディア」。「便利だな」と思いはしても、それ以上深く、その存在意義まで考えたことがある方は少数派かもしれません。ウィキペディアンでもある北村紗衣さんがナビゲートします。

難問クイズで学ぶ文法知識
北村一真さん（杏林大学外国語学部准教授）

英語の難問クイズで文法知識＆読解力を高める連載。杏林大学外国語学部准教授の北村一真さんが、SNSのX（旧Twitter）で継続的に出題していた英語クイズを、解き方のヒントや詳しい解説も含めて紹介します。

ENGLISH JOURNAL BOOK 2

発行日：2023年12月14日（初版）

編集	株式会社アルク出版編集部　EJ BOOK制作チーム
企画・編集協力	大塚智美／市川順子（特集企画）
執筆協力	遠山道子（SPOTLIGHT NEWS 解説）
翻訳・編集協力	柴田元幸（Kurt Vonnegut 翻訳）／ 挙市玲子（SPOTLIGHT NEWS 翻訳）
校正	Peter Branscombe／Margaret Stalker／渡邉真理子
音楽制作	H. Akashi
ナレーション	Chris Koprowski
AD・本文デザイン	二ノ宮 匡（nixinc）
DTP	株式会社秀文社
印刷・製本	シナノ印刷株式会社
録音・編集	一般財団法人 英語教育協議会（ELEC）／柳原義光（株式会社ルーキー）
発行者	天野智之
発行所	株式会社アルク
	〒102-0073　東京都千代田区九段北 4-2-6 市ヶ谷ビル
	Website: **https://www.alc.co.jp/**

地球人ネットワークを創る

アルクのシンボル
「地球人マーク」です。